## 海外华人研究

### 国际学术委员会



### 编委会

教育部人文社会科学重点研究基地
Key Research Institute of Humanities and Social Sciences at Universities

Global Chinese Review

# 海外华人研究

（第五辑）

暨南大学华侨华人研究院　编

暨南大学出版社
JINAN UNIVERSITY PRESS

中国·广州

**图书在版编目（CIP）数据**

海外华人研究．第五辑/暨南大学华侨华人研究院编．—广州：暨南大学出版社，2021.11
ISBN 978-7-5668-3193-4

Ⅰ.①海…　Ⅱ.①暨…　Ⅲ.①华人—研究—世界　Ⅳ.①D634.3

中国版本图书馆 CIP 数据核字（2021）第 123409 号

**海外华人研究（第五辑）**
HAIWAI HUAREN YANJIU（DI-WU JI）
**编　者：暨南大学华侨华人研究院**

---

**出 版 人**：张晋升
**策　　划**：黄圣英
**责任编辑**：冯　琳　雷晓琪　詹建林
**责任校对**：张学颖　孙劭贤
**责任印制**：周一丹　郑玉婷

**出版发行**：暨南大学出版社（510630）
**电　　话**：总编室（8620）85221601
营销部（8620）85225284　85228291　85228292　85226712
**传　　真**：（8620）85221583（办公室）　85223774（营销部）
**网　　址**：http://www.jnupress.com
**排　　版**：广州市天河星辰文化发展部照排中心
**印　　刷**：佛山市浩文彩色印刷有限公司
**开　　本**：787mm×960mm　1/16
**印　　张**：9.25
**字　　数**：157 千
**版　　次**：2021 年 11 月第 1 版
**印　　次**：2021 年 11 月第 1 次
**定　　价**：45.00 元

# 前　言

《海外华人研究（第五辑）》共包括六篇论文、两篇书评。在论文部分，澳门科技大学宾睦新发掘新史料，解读容闳跨国婚姻基本情况，探讨在美国排华潮的历史背景下，容闳跨国婚姻对中美舆论、驻美使团、留美幼童事业和留美幼童跨国婚姻的影响。日本创价大学历史系博士黄颖康根据《益群报》等文献，探讨吉隆坡华人参与五四运动的动机，以及五四运动在马来亚华人政治运动中的定位和意义。暨南大学博士、广东外语外贸大学图书馆研究员罗亚泓以英国牛津华人社区为观察个案，从族群特征、社会资本和公共政策的归因性视角解析了华人移民老人与当地社会和华人社会之间存在着的“双重距离”。暨南大学陈奕平等基于问卷调查与实地访谈，验证了印尼华文学校在华裔学生社会融入与文化传承中的作用。暨南大学张倍瑜利用新的史料和民族音乐学视角，剖析了跨国歌舞团下南洋与海外华人社会产生文化互动的历史。厦门大学陈衍德深入探讨了华侨与归侨如何改变厦门的城市风貌与社会风尚，重塑了厦门的精神气质。

在书评部分，东北师范大学博士任慈和旅澳学者施雪飞分别对两部英文著作《出美国记：第二代华裔美国人在中国（1901—1949）》和《中国的崛起与海外华人》做了评析，阐述了两部著作分别对理解华裔移民认同多样性和中国侨务政策沿革与影响的价值和意义。

# Preface

This publication has two sections, including six research papers and two book reviews. In the research paper section, Bin Muxin from Macao University of Science and Technology uses the availability of the historical materials of the Yung Wing and the Chinese Education Mission (CEM) in the US to discuss the influence of Yung Wing on public opinion, Chinese Legation, Chinese Education Mission and transnational marriages of CEM students during the anti-Chinese tide in the US. Ng Weng Hong from the Soka University of Japan discusses the motivation and participation of the Malayan Chinese during the May Fourth Movement. Using documentary records such as Yik Khuan Poh, this paper also discusses the role played by the May Fourth Movement in the political movement of the Malayan Chinese during this period. The paper by Luo Yahong from Jinan University and Guangdong University of Foreign Studies is a study of the Chinese elderly immigrants in a British Chinese community in the Oxford region. The paper argues that ethnicity, social capital and public policy are significant factors that led the Chinese elderly immigrants to experience a "double distance" phenomenon in the local society and the Chinese community respectively. Chen Yiping and his co-authors from Jinan University argue for the role of Indonesian trilingual schools in promoting social integration and cultural heritage continuity among the Chinese school children in their paper. Zhang Beiyu from Jinan University uses new historical materials and adopts new angles from ethnomusicology to analyze the transnational circulation of China's song and dance troupe, particularly focusing on its cultural encounter with the Nanyang Chinese. Professor Chen Yande from Xiamen University researches how overseas Chinese and returnees shaped the urban landscape, social milieu as well as the spiritual temperament of Xiamen.

In the book review section, Ren Ci from Northeast Normal University reviews the book *America Exodus: Second-Generation Chinese Americans in China, 1901 – 1949* (by Charlotte Brooks, University of California Press, 2019) and Shi Xuefei reviews *The Rise of China and the Chinese Overseas* ( by Leo Suryadinata, Singapore: ISEAS – Yusof Ishak Institute, 2017 ) . The former comments on the contribution and values to understand the diversities of identity among Chinese immigrants identity, while the latter explores the evolution and influence of China's overseas Chinese policies on the development of Chinese overseas identities.

# 目　录

# Contents

# 容闳的跨国婚姻及其影响

宾睦新*

**【摘　要】** 容闳（1828—1912）是广东香山人，1847 年赴美国求学，1854 年毕业于耶鲁学院，1871 年促成清政府分四批（1872—1875）派遣 120 名男童留学美国，并担任出洋肄业局帮办（1872—1881）和出使美国、日斯巴尼亚国（西班牙）、秘鲁三国钦差大臣（1878—1881）等重要职务。容闳在美期间，与康涅狄格州的美国女子结为夫妻，生有二子，引发中美两国舆论的关注，对留美幼童的跨国婚姻有着示范效应。本文发掘美国所藏容闳和留美幼童的新史料，解读容闳跨国婚姻诞生的缘起、相识、婚礼、家庭生活和子女等基本情况，探讨在美国排华潮的历史背景下，容闳跨国婚姻对中美舆论、驻美使团、留美幼童事业和留美幼童跨国婚姻的影响。

**【关键词】** 容闳；跨国婚姻；留美幼童

* 作者简介：宾睦新，澳门科技大学社会和文化研究所国际关系博士生，历史学讲师（Email：303653602@ qq. com）。

## 引 言

容闳（1828—1912），族名达萌，字光照，号纯甫，广东香山县南屏村（今珠海南屏）人。他自幼在澳门和香港求学，接受了以英语教学为主的新式教育，1847 年赴美求学，1854 年毕业于耶鲁学院（Yale College，1887 年改名为耶鲁大学），是第一个毕业于美国高等学府的中国人。1871 年，容闳建议曾国藩和李鸿章选派幼童赴美留学 15 年，促成清政府自 1872 年至 1875 年挑选 120 名幼童分四批留学美国，这是近代中国第一次官派留学。容闳先后担任“出洋肄业局帮办”（1872—1881）和“出使美国、日斯巴尼亚国（西班牙）、秘鲁三国钦差大臣”（1878—1881），协办留学和外交事务，成为近代中国第一批常驻欧美的高级外交官。① 容闳在澳港和美国接受了新式教育，是中西方文化交流的受益者、幸运儿，同时又推动留学教育和担任驻外使官，成为推动中西方文化交流的先驱。

容闳驻美期间，在康涅狄格州首府哈特福德（Hartford，Conn.）迎娶当地女子玛丽·路易莎·祁洛（Mary Louisa Kellogg，1851—1886）为妻，生有两个儿子：容觐彤（Morrison Brown Yung，1876—1933）和容觐槐（Bartlett Golden Yung，1879—1942）。② 据《容氏谱牒》载：“娶祁氏，诰封宜人、诰封恭人、晋封二品夫人；副郑氏，生道光戊申年十一月廿七日。公与祁寄葬美国，郑寄葬上海，生二子，咏兰、嘉兰。”③ 祁洛氏婚后继续在美国生活，直至去世，都没有到过中国。两个儿子都在美国出生和求学，先后考入耶鲁大学，毕业后陆续回到中国工作和生活，娶中国女子为妻，在中国去世。容闳 1902 年赴美养老，直至 1912 年去世，夫妻皆葬在哈特福德雪松山墓园（Cedar Hill Cemetery）。至于容闳在上海娶苏州郑氏和生子容若兰的观点，容闳和容星桥的后人皆予以否定，学界

---

① 容闳事迹见其自传：Yung Wing, *My Life in China and America*, Henry Holt and Company, 1909。该书有 4 种中文译本：容闳撰，徐凤石、恽铁樵译：《西学东渐记——容纯甫先生自述》，商务印书馆，1915 年；容闳著，王蓁译：《我在美国和在中国生活的追忆》，中华书局，1991；容闳著，石霓译注：《容闳自传——我在中国和美国的生活》，百家出版社，2003 年；容闳著，王志通、左滕慧子译注：《耶鲁中国人——容闳自传》，江苏凤凰文艺出版社，2018 年。

② Timothy Hopkins, *The Kelloggs in the Old World and the New*, Vol. 1, 1903, p. 1358.

③ 容联芳、容麟学等修：《容氏谱牒》卷 13，民国十八年（1929）长世堂刻本，第 19 页。

争议颇多。[①] 本文主要讨论容闳的跨国婚姻及其影响，不涉及容闳是否国内娶妻生子之事。[②]

跨国通婚，中国自古就有。但容闳的跨国婚姻横跨太平洋，是中美两个民族的联姻，特别是发生在“落后挨打”的清朝末年，以及美国排华恶潮汹涌澎湃的时代。在这样的历史背景下，容闳跨国婚姻产生的原因、经过和影响，是一个非常值得研究的课题，是观察近代中美关系史和美国华侨华人史的一个新视角。自20世纪80年代以来，随着留学潮趋热，留学史研究不断升温，容闳和留美幼童的研究日渐增多且加深。但学界对于容闳婚姻和家庭生活的研究仍然不足，史料和观点都没有脱离容闳《西学东渐记》的藩篱，大多只是简单叙述容闳跨国婚姻的基本史实，对容闳跨国婚姻的缘起、相识过程、婚礼状况和家庭生活状态，特别是在中美两国所造成的诸多影响，没有发掘出新史料，也就无从开展深入研究，以至有学者不禁感慨：“容闳的生活样态如何，也少有人披露。所有这些，阻碍了对容闳的全面了解。”[③] 值得一提的是，美国麻省理工学院邓津华教授从“国家认同”角度，研究清末民初的中西婚姻现象，曾提及容闳的跨国婚姻，但未深入；[④] 之后邓津华出版了《欧亚混血》（*Eurasian*）一书，以容闳为例，探讨中美两国政府和民间对待跨国婚姻的态度及其演变，较为详细地介绍容闳跨国婚姻的婚礼过程，讨论了容闳跨国婚姻对留美幼童被提前撤回的影响，在史料和研究角度上都有所突破。[⑤] 本文通过搜集整理美国所藏容闳和留美幼童史料，分析容闳跨国婚姻的缘起、相识过程、婚礼状况、家庭生活和子女等基本情况，讨论容闳跨国婚姻对中美舆论、驻美使团活动和形象、李鸿章对容闳的信任

---

① 1979年何广棪依据《容氏谱牒》，在中国台湾首先提出容闳在国内娶妻事，参见：何广棪：《族谱所载有关容闳之史料》，（台北）《书目季刊》1979年第13卷第2期，又载于（台北）《传记文学》1979年第35卷第4期和（台北）《广东文献季刊》1979年第9卷第2期。1982年戴学稷和徐如依据《容氏谱牒》以及容若兰后人口述，在中国大陆首先提出容闳在国内结婚生子之事，随后被一些学者辗转引用，流传开来。参见：戴学稷、徐如：《容闳年谱简（初稿）》，暨南大学历史系中国近现代史教研室编：《中国近现代史论文集》第1集，1982年，第62－64页；戴学稷、徐如：《爱国华侨学者容闳（上）——纪念容闳逝世七十周年》，《暨南学报（人文科学与社会科学版）》1982年第1期。

② 容应萸：《容若兰是容闳的儿子吗?》，《近代史研究》2003年第4期。

③ 李喜所：《关于容闳研究的两点思考》，《天府新论》2009年第1期。

④ 邓津华：《忘国？入国际？国际婚姻、国家认同与文化汇流：清末民初的中西联姻问题》，刘凤云、董建中、刘文鹏编：《清代政治与国家认同》下册，社会科学文献出版社，2012年，第665－674页。

⑤ Emma Jinhua Teng, *Eurasian*, University of California Press, 2013, pp. 25－52. 该书中文译本：邓津华著，杨雅婷译：《欧亚混血》，台大出版中心，2020年。

情况、留美幼童跨国婚姻等相关方面所造成的影响。

## 一、容闳接受跨国婚姻探源

容闳追忆1847年追随鲍留云夫妇赴美留学，在纽约登岸时，颇有感慨地提及自己在香港求学期间，写过一篇描绘从香港到纽约之行的作文，没想到梦想成真，接着笔锋一转："予之意想得成为事实者，尚有二事：一为予之教育计划，愿遣多数青年子弟游学美国；一则愿得美妇以为室。今此二事，亦皆如愿以偿。"① 这两个想法，前者源于容闳留学美国获益颇多而欲惠及他人，后者则因容闳在美生活和学习日久而形成新式婚姻家庭观。年近八旬的容闳在回忆录开篇就写明留学和娶妻这两个梦想都成为现实，足以说明这是其在事业和家庭方面最为重视的、最为得意的两件事，所以实现之后带来的成就感，也是最为持久的。

容闳的跨国婚姻，与其人生经历和教育背景有着较大的关系：

第一是容闳成长经历中的西方女性和家庭生活的熏陶。容闳在长期求学过程中接受西方女性教师的教诲和关爱，在美国家庭中生活时得到当地女性长辈的细心照料，对西方女性的印象非常好，婚姻观念在潜移默化中被同化，萌发娶美国女子为妻的想法。

第二是容闳求学过程中的西式教学孕育新式婚姻观念。容闳自幼在澳门和香港接受中西合璧的新式教育，然后留学美国接受全面的美式教育，思想观念几乎完全美国化（Americanize），进而产生新式婚姻观念，能够接受跨国婚姻。从另一角度而言，容闳的高度美国化得到美国社会的认可，也使之有机会得到美国女性的青睐。

### （一）成长经历中的西方女性和家庭生活的熏陶

容闳青少年时期接触最多的、留下美好印象的西方女性，无疑就是在香港和澳门求学期间的女教师，以及在美国学习和生活期间的女性友人。

第一位西方女性是郭实猎的夫人温施娣（Mary Wanstall Gutzlaff，1799—1849）。郭实猎（Karl Friedrich August Gutzlaff，1803—1851）是普鲁士基督教新教传教士，其夫人温施娣是英国人。1835年，容闳随父亲前往澳门拜会郭实猎夫人，准备到她所办的私塾读书。对于见面情景，容闳在回忆录里描写得非常详细：

---

① Yung Wing, *My Life in China and America*, p. 14.

予见西国妇女时，才七龄，当时情形深印脑中，今虽事隔数十年，犹能记忆。郭夫人躯体修长，体态合度，貌秀而有威，眼碧色，深陷眶中，唇薄颐方，眉浓发厚，望而知为果毅明决之女丈夫。时方盛夏，衣裳全白，飘飘若仙，两袖圆博如球，为当年时制，夫人御此服饰，乃益形其修伟。[①]

这是容闳初次见到西方女性，开始非常惊愕，躲在父亲胳膊肘下，不敢往前走。郭实猎夫人即使和颜悦色，也无法化解其不安情绪。当时容闳是学校年龄最小的学生，备受郭夫人优待，被安排在女学生院落居住和学习，以免被大龄男学生欺负。容闳上学仅几天，就转变看法，觉得郭实猎夫人“和蔼仁厚”，甚至将其视作母亲。

1839 年，鸦片战争爆发在即，郭实猎夫人关闭私塾，将学生送回家。但她仍然非常关心容闳，找到刚来澳门的英国医学传教士合信医生（Benjamin Hobson，1816—1873），请其等马礼逊教育学会（Morrison Education Society）创办学校时，将容闳找回来继续学业。1841 年，合信医生信守承诺，送容闳入读新成立的马礼逊教育学会学校。郭实猎夫人慈母般的细心关照，让容闳终生难忘。

第二位西方女性是柏立教授的夫人（Fanny Pomeroy Hinsdale Bartlett，1820—1907）。容闳一行抵达纽约后，首先到纽约聋哑学校（New York Institution for Deaf-mutes）拜访鲍留云夫人的哥哥大卫·伊利·柏立教授（David Ely Bartlett，1805—1879）一家。柏立教授 1828 年毕业于耶鲁，1832—1852 年在纽约聋哑学校教学。鲍留云 1832 年自耶鲁毕业后，1834—1838 年在纽约聋哑学校任教。柏立教授和鲍留云既是耶鲁校友，又是聋哑学校同事，两人比较熟悉，因而将妹妹伊丽莎白·古德温·柏立（Elizabeth Goodwin Bartlett，1813—1890）介绍给鲍留云。1838 年，鲍留云迎娶柏立小姐，随即偕至中国，次年在澳门创办马礼逊学校。[②] 容闳将柏立教授夫人视为忘年之交的“良友”，其回忆录写道：“巴（柏立）夫人之为人，品格高尚，有足令人敬爱。其宗教之信仰尤诚笃，本其慈善之怀，常热心于社会公益事业，影响所及，中国亦蒙其福。盖有中国学生数人，皆

---

① 容闳著，张叔方补译，杨坚、钟叔河校点：《西学东渐记》，湖南人民出版社，1981 年，第 2 页。

② 鲍留云事迹见其传记，英文原版：William Elliot Griffis, *A Maker of the New Orient Samuel Robbins Brown*, Fleming H. Revell Company, 1902, pp. 72 – 73.

为巴夫人教育而成有用之材。故巴夫人者，予美国良友之一也。”[①] 柏立教授夫人留给容闳非常好的印象：品格高尚，信仰诚笃，热心公益。1860 年柏立教授夫妇定居康州哈特福德。1863 年容闳赴美采购机器，带着侄子容尚勤赴美留学，就寄宿在柏立教授家中。[②] 1872 年，第一批留美幼童抵达美国后，容闳安排幼童寄居在美国当地家庭，每户一般 1 ~2 名学生，却安排梁敦彦、蔡绍基、黄开甲、吴仰曾寄居在柏立教授家。[③] 这两个例子，足以说明容闳与柏立教授家的关系非常密切。

第三位西方女性是鲍留云夫人的母亲，同时也是柏立牧师的夫人（Fanny Leffingwell Bartlett，1778—1864）。鲍留云夫妇将容闳、黄胜、黄宽带至美国后，安排三人寄宿在妻子的父母舒巴尔·柏立牧师（Rev. Shubael Bartlett，1778—1854）家中。柏立牧师夫人和柏立教授夫人是婆媳关系，柏立牧师夫妇是鲍留云夫人的父母，柏立教授夫妇是鲍留云夫人的兄嫂。正是因为这层亲属关系，两位夫人对三位中国青年照顾有加，留给容闳的印象深刻。容闳笔下的柏立牧师夫人，是一位乐观向上、宅心仁厚、可敬可爱的老祖母形象，对生活中的艰苦和不如意能够淡然处之、乐观面对。柏立牧师夫人还是一位诗人，写作吟唱时就变身为幽娴沉静、怡然自足的知识女性。[④] 容闳生活在这样和谐的、有文化氛围的家庭，不仅受到沉着稳重的柏立牧师的影响，也在日常生活中潜移默化地获得这位乐观豁达的老夫人的熏陶。柏立牧师夫妇主内主外、一动一静的婚姻搭配，稳定的家庭生活，对容闳婚姻观念和家庭观念的形成也产生积极影响。

郭实猎夫人、柏立教授夫人和柏立牧师夫人，有着教师或诗人的身份，都有一段幸福的婚姻，丈夫是传教士或教授，都是饱读诗书、谈吐不凡的文化人士。她们在容闳心目中有着不一样的角色和地位：幼年容闳将郭实猎夫人视为母亲一样的恩师，青年容闳将柏立教授夫人视为忘年之交的良友，容闳和柏立牧师夫人则更像是祖孙关系。她们在道德品行、待人接物、为人处世、生活态度等方面，都带给容闳积极向上的引导和教诲，对容闳新式婚姻观念的孕育起着催化剂的

---

① 容闳著，张叔方补译，杨坚、钟叔河校点：《西学东渐记》，第 14 – 15 页。

② Edward J. M. Rhoads, *Stepping Forth into the World*: *The Chinese Educational Mission to the United States*, *1872 – 81*, Hong Kong University Press, 2015, p. 23.

③ Edward J. M. Rhoads, *Stepping Forth into the World*: *The Chinese Educational Mission to the United States*, *1872 – 81* p. 51.

④ 容闳著，张叔方补译，杨坚、钟叔河校点：《西学东渐记》，第 15 – 16、19 页。

作用。

## （二）求学过程中的西式教学孕育新式婚姻观念

容闳在美国学习和生活的 8 年时间，正是从少年到青年的成长阶段，不仅接受美国科学文化教育，也在潜移默化中接受西方的思想和价值观念的熏陶，形成不同于中国传统的新式婚姻观念。

容闳婚姻观念的转变，从其早年在上海接受美国友人的采访可以窥探一二。1856 年 10 月 31 日，上海文纪女塾（Emma Jones School）教师钟凯琳（Catherine Jones）到广东商人曾兰生家拜访，恰逢容闳也在曾家。[①] 容闳 7 月底刚从香港转到上海谋生。[②] 几人在交流中谈及婚姻话题，钟凯琳的访问记录写道：

> 当我进入客厅的房子时，遇到最近从美国回来的阿闳（Ah-wing，即容闳），一位接受美部会（美国公理会差会，American Board of Commissioners for Foreign Missions，ABCFM）教育的中国人。他向美国人致敬，向我致敬，说很抱歉忘记我的名字。……阿闳告诉我，他一直想去学校（即钟凯琳任教的文纪女塾）拜访，并问我是否愿意让他前来。我很遗憾无法满足他，因为学校的女孩们比较矜持，我这样做会让她们感到苦恼。……阿闳说，他在美国时，经常拜访神学院的年轻女学生，她们并没有反对。阿闳认为她们喜欢他。我忍不住笑了，认为她们可能是为了满足喜欢看他的好奇心。我问道："你喜欢美国女性的风俗习惯吗？"阿闳说："哦，是的。"我又问："回到中国后，怎么回事？你是否正在努力寻找一位没裹脚的年轻女士为妻子？可以走路而不须留在家里的人？"他说："是的，确实如此。"他希望妻子能够在发生事故时和他一起跑。[③]

从这段交谈可以看出，容闳并不囿于中国传统的"男女有别"观念，反而

---

① 曾兰生（1827—1895），又名恒忠，是在新加坡出生的广东潮汕人，1843 年留学美国，1846 年入读汉密尔顿学院，1848 年辍学回华，在广州协助传教，1853 年辞职到上海经商，1866 年任福州船政学堂英文教习兼翻译，1871 年任出洋肄业局翻译，1874 年调任李鸿章英文翻译，直至去世。容闳与曾兰生都曾在美国留学，与美国传教士卫三畏关系密切，容闳初住上海谋生，曾暂住曾兰生家。事迹详见：冯国平、宾睦新、沈荣国：《中国首个留美大学生曾兰生述评》，《江苏师范大学学报（哲学社会科学版）》2018 年第 2 期，第 9 - 17 页。

② 容闳著，张叔方补译，杨坚、钟叔河校点：《西学东渐记》，第 34 页。

③ 美国纽约《传教团精神》（*The Spirit of Missions*）刊登了钟凯琳的上海日志，参见：*The Spirit of Missions*, Vol. 22, 1857, p. 351.

认为男女可以正常交际，并以自己在美国经常拜访神学院女学生为例，自信在美国年轻女学生中很受欢迎。容闳表示喜欢美国女性的风俗习惯，想要找一位没有裹脚的女孩为妻。容闳的西式文化教育背景和新式婚姻观念，使之不愿在中国找一位裹脚女子结婚，却对美国受过教育的女子充满好感，这也为其后的跨国婚姻做了很好的铺垫。

作为一个长期接受西式教育的中国人，容闳有着不同常人的双重文化身份：在血缘和出身上是一个中国人，有着对国家和民族的归属感和责任感，想为这个国家和民族的发展尽一份力，毕生致力于“以西方之学术灌输于中国，使中国日趋于文明富强之境”[①]；但是在思想文化和价值观念上是一个美国人，无法接受中国传统生活方式，特别是婚姻家庭观念，所以迟迟未婚。容闳面临一个尴尬境遇，既不想娶一个没有共同语言和思想观念的中国女孩，但也没有外国女孩想嫁给他。[②] 容闳娶妻成为难题，直到 1875 年已经年近五旬才在美国结婚。

## 二、容闳跨国婚姻的详细经过

容闳在美国萌发组织中国青年留学美国和娶美国妻的两个梦想，却把事业放在最重要的位置。1854 年从耶鲁毕业后，容闳回到中国，直至 1872 年第一批留美幼童成行，此时他已经年过不惑，仍未结婚。[③] 幼童留美计划得以实现后，容闳协助出洋肄业局总办陈兰彬管理和协调留学事宜，长期在美国工作和生活，与当地人交往密切，娶美国妻子的梦想更接近现实。

### （一）容闳与妻子的相识过程

在回忆录中，容闳首次提到妻子祁洛氏的时间是 1882 年回中国销差，收到妻子病危的消息，赶到美国陪侍，直至 1886 年 6 月 28 日妻子病逝。容闳没有提及与妻子相识和结婚的过程，但是两人的相识，有三个机缘：

其一，祁洛家族和柏立家族的联姻关系，柏立家族的人介绍容闳和祁洛家族的人认识。

其二，容闳与祁洛氏的哥哥祁洛医生（Edward Wilberforce Kellogg，1840—

---

① 容闳著，张叔方补译，杨坚、钟叔河校点：《西学东渐记》，第 23 页。

② Edmund H. Worthy，“Yung Wing in America”，*Pacific Historical Review*，Vol. 34，No. 3，1965，pp. 276 – 277.

③ 对于容闳娶苏州郑氏和生子容若兰的观点，证据不足，存在众多争议，故暂不讨论。

1921）关系颇好，曾邀请祁洛医生前往秘鲁考察华工被虐事宜，祁洛医生了解容闳的为人，主动撮合容闳和妹妹相识。

其三，祁洛家是留美幼童寄宿家庭，容闳经常前往探望，两人交往日益增多，逐渐萌发感情。

容闳妻子祁洛氏的父母是美国康涅狄格州（下文简称“康州”）埃文市（Avon）的贝拉·坎迪·祁洛（Bela Candee Kellogg，1811—1892）和玛丽·戈尔登·柏立（Mary Golden Bartlett，1818－1904）。1839 年 10 月 15 日，祁洛氏的父母结婚，有 8 个子女，她排行第六。祁洛氏的父亲做过数年乡村商人、十多年小镇邮政局局长，以及小镇书记员和法官等，在埃文当地颇有名望。[①]

柏立家族和祁洛家族联姻情况如下图所示：

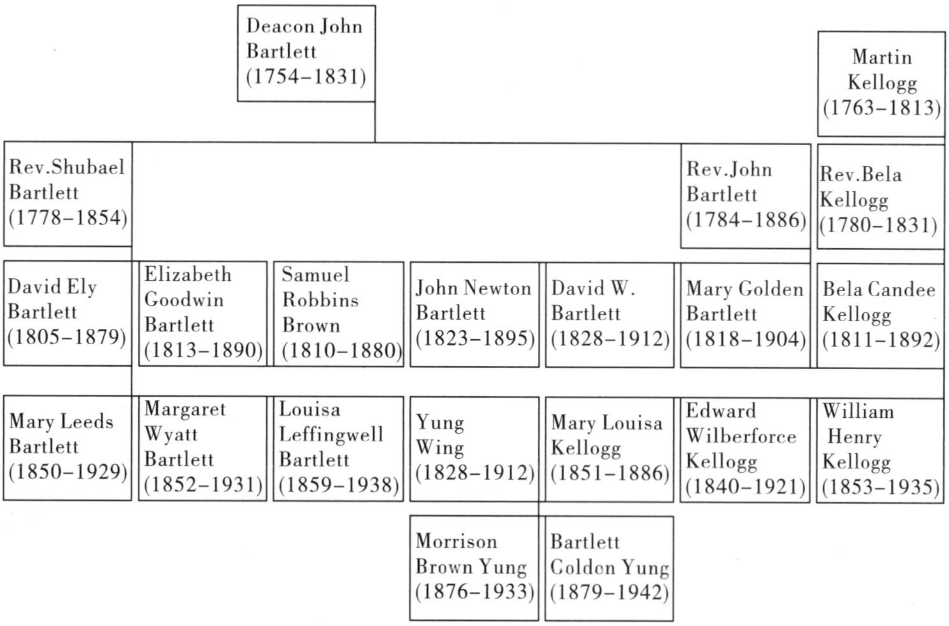


**图 1　柏立家族和祁洛家族联姻情况**

注：本图根据祁洛家族族谱、南屏《容氏族谱》、鲍留云传记整理而成。

祁洛氏的父母皆出自牧师家庭，祁父是康州东埃文教堂首席牧师贝拉·祁洛

① Timothy Hopkins, *The Kelloggs in the Old World and the New*, Vol. 1, pp. 675－676.

（Rev. Bela Kellogg，1780—1831）之子，祁母是康州埃文教堂首席牧师约翰·柏立（Rev. John Bartlett，1784—1886）之女，[①] 两位牧师皆在康州埃文宣教，志趣相同，相距不远，因此得以相识和交往，从而促成祁洛牧师之子和柏立牧师之女的婚姻，将两个家族联系起来，这也是将来鲍留云、容闳和祈洛家族联系起来的源头。鲍留云的岳父舒巴尔·柏立牧师与约翰·柏立牧师是亲兄弟，鲍留云妻子与容闳的岳母是堂姐妹关系。容闳娶鲍留云妻子的侄女，成为鲍留云夫妻的侄外甥女婿。简单的关系脉络如下：容闳—鲍留云夫妻—柏立家族—祁洛家族—祁洛氏。从鲍留云与柏立家族、祁洛家族的关系来推断，容闳与妻子祁洛氏的结合，得益于柏立家族和祁洛家族的联姻关系。

祁洛家长子祁洛医生与容闳关系亦颇为密切，因此将妹妹祁洛氏介绍给容闳，是容闳夫妇的媒人。1874 年 7 月，容闳奉李鸿章之命，赴秘鲁考察华工受虐情况，随后前往美国康州哈特福德筹备赴秘鲁事宜，邀请祁洛医生和哈特福德避难山教堂的杜渣牧师（Rev. Joseph Hopkins Twichell，1838—1918，1855—1859 年就读于耶鲁）随同前往。[②] 祁洛医生冒着生命危险，陪着容闳秘密前往秘鲁山区考察华工受虐情况，这足以证明两人相互信任和支持。美国《萨克拉门托联合日报》的报道提及祁洛医生介绍妹妹认识容闳，容闳追求祁洛小姐几个月后，两人才订婚、结婚。[③] 因此，祁洛医生是容闳夫妇的介绍人。

容闳先后安置 8 位留美幼童寄宿在祁洛家族。1874 年 11 月，第三批幼童抵美，容闳将两位香山籍幼童徐振鹏和郑廷襄安置在祁洛医生家，1880 年又将第一批幼童钱文魁、第二批幼童张祥和安排在祁洛医生家。[④] 1872 年，容闳安排两位留美幼童在祁洛父母家，直至 1875 年祁洛氏与容闳结婚，他们才被送往别处。[⑤] 1874 年容闳还将两位江苏籍幼童康赓龄和沈嘉树安排在祁洛家五子威廉·亨利·祁洛（William Henry Kellogg）处。这些幼童也许对容闳的婚姻亦有促进作用。

---

① *The Memorial History of Hartford County, Connecticut, 1633 - 1884*, Vol. 2, 1886, p. 11.

② 容闳：《致两江总督沈葆桢禀报查访秘鲁华工事宜（光绪元年六月十六日）》，全国图书馆文献缩微复制中心编：《清季华工档案》第 1 册，全国图书馆文献缩微复制中心，2008 年，第 354 页。

③ "Mrs. Yung Wing Dead", *Sacramento Daily Union*, Vol. 55, No. 85, May 31, 1886, p. 1.

④ Edward J. M. Rhoads, *Stepping Forth into the World*, p. 103.

⑤ Thomas E. LaFargue, *China's First Hundred: Educational Mission Students in the United States, 1872 - 1881*, Washington State University Press, 1942, pp. 42 - 43.

### （二）容闳和祁洛氏的婚礼过程

1875 年 2 月 24 日，容闳与祁洛小姐在康州哈特福德避难山教堂举行婚礼，由容闳的好友暨耶鲁校友杜渣牧师主持。杜渣牧师在日记中详细记录了容闳婚礼的过程：

> 今天，我的好友肄业局的容闳与康州埃文的玛丽·路易莎·祁洛小姐结婚了。……他们是一年前订婚，祁洛小姐在她家中教两位中国幼童。他们的结合已经引起许多议论，有人持怀疑态度，有人竭力反对，也有人像我一样乐成此事。我希望这婚姻不会阻碍容闳在中国政府的前途和事业。……在过去，偶尔围炉闲谈时，我与妻子每向容闳提及结婚之事，他总是回答说不想和中国女人结婚，但也不会有美国女人愿意嫁给他。我们总是提醒他，后面的话是尚未证明的。因而，这段婚姻，我们夫妇也有份促成，我们将静观效果如何。如信心常在，结果必佳。……今天我和祁洛医生陪同容闳驱车回去。当时冰雪天气，山路崎岖难行。……我回来时，与肄业局汉文教习叶绪东、容增祥两人一起返回。他们穿着中国官服出现在康州清教徒庄严的宗教婚礼仪式中，形成强烈对比，给我留下深刻印象。……婚礼后，容闳、祁洛、柏立夫人和我，均回到祁洛家的书房，为了礼貌和不冷落中国贵客，大家也向两人举杯致敬。[①]

《纽约时报》以“容闳娶了康州女孩”为题，详细报道容闳婚礼盛况。[②] 婚礼是西式的——在哈特福德避难山教堂举办，由杜渣牧师主持，新郎容闳西装革履，新娘祁洛小姐（图 2、图 3）穿着中国丝绸做的西式婚纱，新娘的弟弟妹妹做伴郎伴娘，新人在婚礼结束后乘火车去纽约蜜月旅行，所有这些婚礼细节，都将容闳的“西化”展现得一览无余。虽然丝绸是中国的，但是制成西式婚纱；虽然饮食中西菜肴都有，但是美国风味占主导；出洋肄业局的两位教习叶绪东和容增祥穿着官服出席，反而非常另类。

---

① 高宗鲁译注：《中国留美幼童史——现代化的初探》，华欣文化事业中心，1982 年，第 39 - 40 页。

② “Yung Wing Marries a Connecticut Lady”, *The New York Times*, March 2, 1875, p. 2.

图2　祁洛氏 1875 年 2 月 24 日婚纱照

图3　祁洛氏与长子容觐彤合影

（来源：容闳嫡孙容永成先生提供）

### （三）容闳的家庭生活和子女情况

根据容闳回忆，其婚后的家庭生活轨迹分三个部分：1875 年至 1878 年担任出洋肄业局帮办，住在康州首府哈特福德市；1878 年至 1881 年担任出使美、西、秘三国钦差大臣，住在美国首都华盛顿；1882 年卸任官职，回到哈特福德定居。

容闳结婚次年，即 1876 年 6 月 10 日祁洛氏在康州哈特福德诞下一子，即长子容觐彤。容闳最初没有给孩子取中文名，而是按照美国习惯，给孩子取名 Morrison Brown Yung，其首名 Morrison 是马礼逊博士的姓氏，是纪念马礼逊及马礼逊学校；中间名 Brown 是鲍留云的姓氏，是容闳对鲍留云家族的情谊和感恩。1879 年一则美国报道写道："（容闳）他的妻子是美国人，他的长子名叫鲍留云（Brown），是为纪念他早期的老师鲍留云博士及其母亲，容闳曾住在孟松的鲍留云博士母亲家。"① 容觐彤于 1898 年自耶鲁大学工学院毕业，1901 年获哥伦比亚

① *Denison Daily News*（Denison, Tex.）, Vol. 7, No. 215, November 9, 1879, p. 6.

大学机械硕士学位，1909 年来华就业、娶妻生子，直至 1934 年在北京去世。[①]

容闳婚后不久，于 1875 年 12 月 11 日与陈兰彬同时升任出使美国、西班牙、秘鲁国钦差大臣，[②] 即兼任驻三国公使，陈兰彬为正，容闳为副，但是直至 1878 年陈兰彬偕使团来美，他方才赴华盛顿履任。1878 年 9 月 19 日，陈兰彬率使团入住华盛顿耶夫（F）街 1925 号。[③] 容闳由于有家室，就没有在使馆居住，而是租住在 L 街 1343 号，与驻华盛顿使馆"洋员"柏立（David W. Bartlett）[④] 住址 L 街 1337 号相距不远。[⑤]"洋员"柏立是柏立牧师的次子，也就是祁洛氏的舅舅，两家相邻而住，便于处理外交事务，以及照料容闳年幼的孩子。

容闳履任驻美副公使的次年，即 1879 年 1 月 22 日，祁洛氏在华盛顿寓所诞下次子容觐槐。[⑥] 容闳按照美国习惯，取名为 Bartlett Golden Yung，其首名 Bartlett 是柏立家族的姓氏，是纪念柏立教授对容闳留学美国期间的关照，以及其大力支持留美幼童事业；中间名 Golden 是容觐槐外祖母玛丽·戈尔登·祁洛（柏立）的中间名，因为她嫁给贝拉·坎迪·祁洛，将柏立家族和祁洛家族联系起来。容觐槐出生时，多家美国报纸报道。[⑦] 容觐槐于 1902 年自耶鲁大学毕业，1911 年来华，长期在上海经商、娶妻生子，直至去世。[⑧]

容闳的跨国婚姻仅 11 年，便因祁洛氏病逝而终止。1882 年，容闳卸任钦使，回国销差。祁洛氏担心容闳回国后将因反对撤回留美幼童而受到惩罚，忧心忡忡之下身体日渐变差。次年，容闳闻讯赶到美国，妻子只能嘶哑微弱地低语。容闳此后陪伴身边，精心照料，但祁洛氏病情依然未有好转。1886 年 5 月 29 日，祁

---

① 容应萸：《容若兰是容闳的儿子吗?》，《近代史研究》2003 年第 4 期，第 297 页。

② 《清德宗实录》第 1 册，《清实录》第 52 册，中华书局，1987 年，第 334 页。又见：《光绪朝上谕档》第 1 册，广西师范大学出版社，1996 年，第 345 页。

③ 陈兰彬：《使美纪略》，王杰、宾睦新编：《陈兰彬集》第 3 册，广东人民出版社，2018 年，第 227 页。

④ 陈兰彬：《奏为随带出洋员弁三年期满援案吁恳恩施折（光绪七年闰七月二十五日）》，王杰、宾睦新编：《陈兰彬集》第 1 册，广东人民出版社，2018 年，第 82 页。

⑤ 陈兰彬驻华盛顿公使馆、容闳和柏立住址，载于：*Congressional Directory* (Forty-sixth Congress, Second Session), First Edition, Government Printing Office, 1879, p. 126.

⑥ 另一说是 1 月 23 日，*Evening star* (Washington, D. C.), January 30, 1879, p. 1.

⑦ 1879 年报道容觐槐出生的报刊有：*Burlington Weekly Free Press*, February 21, 1879, p. 1. *Evening star* (Washington, D. C.), January 30, 1879, p. 1.

⑧ 容应萸：《容若兰是容闳的儿子吗?》，《近代史研究》2003 年第 4 期，第 297 页。容永道：《我与容闳的后代》，《珠海文史》2005 年第 15 辑，第 121 – 126 页。

洛氏在哈特福德家中病逝，年仅 35 岁。[①] 容闳丧偶后，没有续娶，独力抚养双子。1894 年，容闳接受张之洞邀请回到中国，将两个年幼的儿子托付祁洛家族——外祖母和舅舅以及柏立家族和杜渣牧师照顾。两个儿子在众多美国亲友的关爱下，先后考入耶鲁大学，成就一段父子三人皆耶鲁的佳话。（图 4）容闳在 1902 年回美参加容觐槐的毕业典礼，然后留居美国养老，直至去世。[②]

**图 4　容觐彤和容觐槐耶鲁大学毕业照**

（来源：美国耶鲁大学图书馆藏）

## 三、容闳跨国婚姻的影响

容闳的跨国婚姻，引发中美两国媒体的热议，美国著名报刊如《纽约时报》等，上海的《申报》、英文报《北华捷报及最高法庭与领事公报》《字林西报》等，纷纷报道这一轰动性新闻。这场跨国婚姻在美国排华潮之下（图 5），有助

① "Mrs. Yung Wing Dead", *Sacramento Daily Union*, Vol. 55, No. 85, May 31, 1886, p. 1.

② 吴义雄：《未刊文献中所见之容闳》，《广东社会科学》2014 年第 5 期；吴义雄、恽文捷译注：《美国所藏容闳文献初编》，社会科学文献出版社，2015 年，第 45－134 页。

于丰富驻美使团的外交活动，提升驻美使团的外交形象；但也增加了李鸿章对容闳的不信任，使容闳在阻止留美幼童撤回时乏力。从长远来看，容闳的跨国婚姻对留美幼童产生了示范作用，几位留美幼童的跨国婚姻得其支持，受其影响。

### （一）美国报刊报道容闳的跨国婚姻

**图5　美国排华漫画：太平洋铁路完工，穿着清朝服饰、留着长辫的华工与美国女子一起，背景是“孔子教堂”（Church of Confucius），寓意中国人和中国文化大受欢迎，美国面临被“中国化”的危险**

（来源：*Harper's Weekly*，June 12，1869，p. 384）

十九世纪七八十年代，在美国充满“The Chinese Must Go!”（中国人必须滚!）这样偏激舆论的排华恶潮中，还有一股清流——大量关于中国留美幼童和驻美外交官的正面报道，让美国人看到在美华人中，不仅有华工和华商在推动中美之间的劳动力和经济的往来，还有留学生和外交官，他们是中美两个民族、两种文化、两种制度之间正常交流的代表。美国媒体对于留学和容闳的报道，总体上都比较正面，极少有负面新闻。容闳与祁洛氏的结合，更是让中美两国人民看到这种跨国、跨族群、跨文化的正常交流依然存在。

1875 年 2 月 27 日，华盛顿《晚星报》（*Evening Star*）报道容闳娶了一位新英格兰女士。3 月初，美国各地的报刊纷纷转载报道容闳结婚之事。[①] 这些美国舆论界报道容闳的婚礼，虽然都会提及一个华人娶美国女子为妻，但都会说明容闳留学美国多年，毕业于耶鲁，与美国人友善，是一个“美国化（Americanization）”的中国人，担任出洋肄业局副总办和驻美副公使等外交要职，是中美两国教育文化交流和政治交往的使者，受人尊敬，很少使用负面的、狭隘的词汇。一篇报道甚至称“容闳在美国接受教育，有一个美国妻子，已经成为这个社会的宠儿”[②]。容闳毕业于耶鲁、早年经商积累的财富、光鲜的外交官职位，使之在美国的社会地位很高，特别是容闳早已入籍美国，信奉基督教新教，是一个“美国化”的华人，所以比较容易获得美国人的认可，而排斥的声音较少。容闳的双重国籍、双重文化身份，而且是倾向于美国，致力于促进中国向美国学习，推动学生留美，能够为美国社会带来利益，比如美国报刊报道容闳的留学计划，经常提及费用为数百万美元。

容闳等驻美外交官和留美幼童的存在，特别是容闳娶美国女子和留美幼童纷纷考入大学的消息，对于改变某些美国人对华人的刻板、狭隘的偏见，发挥了巨大的作用。

### （二）国内舆论的猎奇报道

容闳结婚的事，通过各种渠道传回国内，上海《申报》《字林西报》[③]《北华捷报及最高法庭与领事公报》[④] 等中英文报刊争先报道，转载美国媒体的报道，

---

① 报道容闳婚事的美国报刊，诸如：*Nashville Union and American* (Nashville, Tenn.), March 2, 1875, p. 1; *The New York Times*, March 2, 1875; *The Star* (Cincinnati, Ohio), March 4, 1875, p. 1; *Public Ledger* (Memphis, Tenn.), March 4, 1875, p. 1; *The True Northerner* (Paw Paw, Mich.), March 5, 1875, p. 4; *The Star* (Cincinnati, Ohio), March 6, 1875, p. 2; *Marysville Daily Appeal* (California), Vol. 31, No. 57, March 10, 1875, p. 4; *The Cairo Bulletin* (Cairo, Ill.), March 11, 1875, p. 2; *Fair Play* (Ste. Genevieve, Mo.), March 11, 1875, p. 4; *Sacramento Daily Union* (California), Vol. 1, No. 14, March 9, 1875, p. 3; *The Andrew County Republican* (Savannah, Mo.), March 19, 1875, p. 3; *Bozeman Avant Courier* (Bozeman, Mont.), March 19, 1875, p. 3; *Ashtabula Telegraph* (Ashtabula, Ohio), March 26, 1875, p. 4; *Frank Leslie's Illustrated Newspaper*, March 27, 1875, p. 43.

② "Society Novelties [Washington special]", *Indianapolis News* (Indianapolis, Marion County), November 25, 1879, p. 2.

③ "The New York Times Reports", *The North China Daily News*, May 7, 1875, p. 3.

④ "The New York Times Reports", *The North China Herald and Supreme Court & Consular Gazette*, May 8, 1875.

发表不少充满猎奇或担忧的讨论。

1875 年初，容闳与祁洛氏订婚的消息传到上海就引发一番议论。《申报》刊登的一篇读者来信《添基氏吴天水评论容闳娶妻事》，专门讨论容闳娶美国女子为妻将带来的诸多影响，特别是会使留美幼童效仿，带来负面效应。这位读者来自广东香山县（今中山、珠海、澳门），能够阅读英文报刊，也许是一位在上海经商的买办商人。他与容闳是香山同乡，知道容闳的侄子留学美国和剪辫子事，对容闳事迹应该有所了解，但是不认同容闳娶美国女子、剪辫子、换穿西装、信教、入籍美国等行为；甚至担忧“现在容某首先创行此事，难保各学生不仿而效之”。《申报》编辑在文末评论的态度比较开明，对于容闳娶妻没有批判之意，认为“剃发易衣”是暂时的“媚内之计”，“何必加以责备哉”。[①] 由此看出国内舆论对于容闳跨国婚姻的复杂态度。

三个月后，容闳结婚，《申报》刊登了一则《容太守合卺》，报道容闳婚礼的详情，与《字林西报》和《北华捷报及最高法庭与领事公报》内容相差无几，应该是转载或者转译美国报道。[②] 这次报道后，未再见报刊登载国内各界人士的讨论，应该是新奇热潮已过。

容闳的跨族群婚姻，也引发了国人对于混血儿的联想。次年《申报》刊登的《论人形之异》，讨论中西混血儿的相貌特质，并以容闳为例——“现闻粤东容君携出洋幼童至美国之后，已娶美人为妻，如诞得麟儿，试提抱之，必有合于余言者。”[③] 预言容闳跨国婚姻所产儿女，相貌必将亦中亦西。美国的一些报刊，报道容闳夫妇时，也曾提及从两个聪慧儿子的脸上可以找到父母双方的血统，但是并没有刻意描述，只是一笔略过。[④] 美国报刊的轻描淡写，与上海《申报》的猎奇描述，形成鲜明的对比。

在上海舆论界争先报道容闳跨国婚姻之际，李鸿章等洋务派人士保持缄默，抑或守旧派人士未出手批判或弹劾，双方都没有推波助澜，足见清政府希望“大事化小，小事化了”的低调态度。

### （三）提升驻美使团的外交形象

1878—1881 年，容闳被委任为出使美国、日斯巴尼亚国、秘鲁三国钦差大

---

① 《申报》，同治十三年十二月初六日（1875 年 1 月 13 日）第 834 号，第 3 页。

② 《申报》，光绪元年四月初四日（1875 年 5 月 8 日）第 928 号，第 2 - 3 页。

③ 《申报》，光绪元年十二月二十三日（1876 年 1 月 19 日）第 1147 号，第 1 页。

④ “Mrs. Yung Wing Dead”, *Sacramento Daily Union*, Vol. 55, No. 85, May 31, 1886, p. 1.

臣，祁洛氏作为中国首个驻美使团中唯一的外交官夫人，经常协助容闳在华盛顿开展外交活动，参加各种驻美外交官之间的交际活动，丰富了驻美使团的外交活动，有助于提升驻美使团的外交形象。

1879 年 12 月 5 日，容闳夫妇参加美国前邮政局局长霍雷肖·金（Horatio King）夫妇在华盛顿举办的招待会。[①] 12 月 27 日，容闳夫妇、驻美使馆“洋员”柏立夫妇及其女儿，前往白宫，参加新年招待会活动。[②] 1880 年 2 月 9 日，墨西哥驻美大使在华盛顿使馆举办盛大的晚会，几乎所有客人都携带夫人参加，容闳夫妇、“洋员”柏立夫妇及其女儿也前来参加晚会活动。[③] 柏立夫人和容闳夫人，这对舅母和外甥女搭档，经常作为中国使团的夫人代表，出席华盛顿外交官或外交官夫人之间的交际活动。2 月 10 日，美国总统海斯夫妇在白宫举办外交使团招待会，美国国务卿、最高法院法官、各部高官、参议员和众议员、陆军和海军高级将领等，以及驻华盛顿外国使团高官都获邀参会，容闳夫妇作为中国使团代表参加招待会。[④]《印第安纳波利斯新闻》（*Indianapolis News*）刊登过一则有趣的新闻——《外交官的美国妻子》，此文提及祁洛氏作为中国公使馆外交官的妻子，参加各国驻华盛顿外交使团夫人的交际活动。[⑤]

祁洛氏的活动，柔化了中国驻美使团全部男性角色的外在形象，对于美国官方和驻美各国外交官而言，亦增添一个了解中国的窗口。祁洛氏去世后，一则美国报刊的报道称容闳夫人是有魅力的女士，在交际圈中受到极大的钦佩。[⑥]

### （四）增加李鸿章对容闳的不信任

容闳的西学背景是一把双刃剑，李鸿章虽用其才，但评价和信任度一直不高。容闳的跨国婚姻，增加了李鸿章对其的不信任，从而在职务晋升和同僚关系等方面都产生了一些影响。

李鸿章对容闳的不信任，从肄业局总办的安排可以看出。容闳对做副公使并无兴趣，反而想留在哈特福德接任总办，全心全意操办留美幼童事宜。[⑦] 但是李

---

① “A Pleasant Party”, *Evening star* (Washington, D. C.), December 6, 1879, p. 1.

② “Brilliant Scene at the White House”, *Evening star* (Washington, D. C.), January 1, 1880, p. 1.

③ “The fete at the Mexican Legation”, *New-York tribune*, February 10, 1880, p. 1.

④ “Honoring the diplomatic Corps”, *New-York tribune*, February 11, 1880, p. 1.

⑤ “American Wives of Diplomatists”, *Indianapolis News*, Indianapolis, Marion County, January 7, 1879.

⑥ “Mrs. Yung Wing Dead”, *Sacramento Daily Union*, Vol. 55, No. 85, May 31, 1886, p. 1.

⑦ 容闳著，张叔方译，杨坚、钟叔河校点：《西学东渐记》，第 100 页。

鸿章从国内调来区谔良接手总办；区氏回国后，李鸿章旋将出洋肄业局教习容增祥升为总办；容增祥丁忧回国后，李鸿章甚至从西班牙马德里将参赞吴嘉善调来做总办。① 李鸿章屡屡升调他人接任总办，却一直让容闳担任帮办，其用人上的谨慎，是不信任的表现。

容闳出身西学，与陈兰彬、吴嘉善、区锷良、容增祥等科举出身的传统官员大相径庭，跨国婚姻又加剧了这种差距，思想上的差距转变成现实冲突。陈兰彬在致总理衙门函中，提及："曾有人言，吴编修专欲令兰彬为难，其始明知副使改装娶妇，养有儿子，不愿撤局回华，特建撤局之议，请少荃中堂责成兰彬定计，以为可使鹬蚌相持，及出示津门所来各件，副使始知撤局，知议非起此间，必将怨有所归，遂变为留交使署之说。……此时此局，应撤应留，专候少荃中堂裁定。"② 1881 年，出洋肄业局总办吴嘉善提出撤回留美幼童时，故意避开帮办容闳，直接向李鸿章报告，以致容闳收到天津来信才知道留美幼童撤回已成定局。③容闳因与陈兰彬、吴嘉善等人关系不佳，转而请美国友人相助，找来美国前总统格兰特、马克·吐温、耶鲁校长等美国政界、文化界和学界贤达联名致函李鸿章，以阻止撤回留美幼童，更是犯了外人干涉内政的大忌，无法阻止幼童撤回。

### （五）影响留美幼童的跨国婚姻

容闳的跨国婚姻虽然引发舆论争议，但是清政府和朝廷大员没有明文表态支持或反对，因此对于幼童有着示范和榜样作用。幼童在留美期间逐渐从少年成长为青年，不少人与寄宿家庭的女孩或同班女生酝酿出恋情。耶鲁大学教授威廉·里昂·菲尔普斯（William Lyon Phelps, 1865—1943）曾先后与诸多留美幼童同为哈特福德高中和耶鲁大学同学，其回忆录写到中国学生在体育和跳舞方面的非凡能力，风度翩翩，彬彬有礼，大受当地美国女孩的欢迎④。容闳对此持包容态

---

① 李鸿章：《复总署　论出洋肄业学生分别撤留（光绪七年二月三十日）》，《李鸿章全集》第 33 册，安徽教育出版社，2008 年，第 15－16 页。

② 陈兰彬：《咨报近期外交情况和撤回肄业局原委始末（光绪七年五月廿一日）》，《陈兰彬集》第 1 册，第 238－239 页。

③ 李鸿章与陈兰彬、吴嘉善关于撤回留美幼童的往来电报，情况如下：《陈使由华盛顿来电（光绪七年正月二十一日到）》《复陈使（光绪七年正月二十二日）》《寄吴子登（光绪七年正月二十二日）》《寄陈使（光绪七年正月二十六日）》《陈使来电（光绪七年二月二十日到）》《寄陈使（光绪七年四月十九日）》《陈使由华盛顿来电（光绪七年五月初一日到）》《吴子登来电（光绪七年六月初三日到）》《复吴子登（光绪七年六月初四日）》，《李鸿章全集》第 21 册，安徽教育出版社，2008 年，第 13－14、16－18 页。

④ William Lyon Phelps, *Autobiography and Letters*, Oxford University Press, 1939, pp. 83－85.

度，“此多数青年之学生，既至新英国省，日受新英国教育之陶熔，且习与美人交际，故学识乃随年龄而俱长，其一切言行举止，受美人之同化而渐改其故态，固有不期然而然者，此不足为学生责也”。[①] 如薛有福与美国女孩相恋，回国仍保持通信。[②]

容闳跨国婚姻所产生的示范效应继续发酵，120 名留美幼童中有 5 名留美幼童在美国娶当地女子为妻，还有 1 名在上海与英国女子结婚生子。容闳和美国友人杜渣牧师亲自参加并主持婚礼，支持幼童的跨国婚姻。

第一位迎娶美国女子的留美幼童是李恩富。李恩富（1861—1938），字德履，号少弼，英文名 Yan Phou Lee，广东香山县人，1873 年第二批留美幼童，1880 年考入耶鲁，1881 年撤回中国，1884 年再赴美国，继续耶鲁的学业，1887 年毕业于耶鲁，并在波士顿出版一本自传《我的中国童年》（*When I Was a Boy in China*）。1887 年 7 月 6 日，李恩富在康州纽黑文，即耶鲁所在地，迎娶大学恋人杰罗姆小姐（Elizabeth Maude Gilbert Jerome，1864—1939），这是纽黑文历史上第一次有美国女孩嫁给中国人，[③] 一则美国报道就称，“这是一场横跨半个地球、跨族群的浪漫史——他拥有众多追求者，被许多纽黑文美丽女孩所青睐”，并提及容闳和杜渣牧师，以及几位耶鲁教授等参加这场跨国婚礼。[④] 李恩富夫妇育有一女一子。李恩富在美期间，担任多家美国报刊的记者，发表《为什么我不是异教徒——答复王清福》（*Why I am not a Heathen: A Rejoinder to Wong Chin Foo*）[⑤] 和《中国人必须留下》（*The Chinese Must Stay*）[⑥] 等文章，积极维护华人权益，强烈反对美国排华，造成很大的影响，也间接导致第一次婚姻的失败。1890 年

---

① 容闳著，张叔方译，杨坚、钟叔河校点：《西学东渐记》，第 102 页。

② 《薛有福写给凯蒂的信：一八八一年（光绪七年）九月一日于美国旧金山皇宫饭店）》《薛有福写给凯蒂的信：一八八二年（光绪八年）一月十日于中国厦门》，高宗鲁译注：《中国留美幼童书信集》，传记文学出版社，1986 年，第 55 - 56、58 - 61 页。

③ “A Chinaman in Luck”, *The Weekly Wisconsin* (Milwaukee, Wisconsin), July 9, 1887, p. 8.

④ 关于李恩富娶妻的报道，有如下几则：“Yan Phou Lee to Marry”, *The New York Times*, July 3, 1887, p. 2; “A Chinaman in Luck”, *The Weekly Wisconsin* (Milwaukee, Wisconsin), July 9, 1887, p. 8; “Yan weds a Yankee Wife”, *Omaha Daily Bee* (Omaha, Neb.), July 12, 1887, p. 2.

⑤ Yan Phou Lee, “Why I am not a Heathen: A rejoinder to Wong Chin Foo”, *The North American Review*, Vol. 145, No. 370, 1887, pp. 306 - 313. 王清福（1847—1898），曾用名王彦平、王缓祺，英文名 Wong Chin Foo 或 Charles Wong，山东即墨人，1867 年留学美国，1874 年入美国籍，1883 年在纽约创办了美国东部的首份中文报《美华新报》（*The Chinese American*），首次提出“华裔美国人”（Chinese American）概念。

⑥ Yan Phou Lee, “The Chinese must stay”, *The North American Review*, Vol. 148, No. 389, 1889, pp. 476 - 484.

*11* 月 *21* 日，李恩富与妻子离婚。① 1897 年，李恩富在田纳西州纳什维尔（Nashville）与第二任妻子鲍尔斯小姐（Sophie Florence Bowles）结婚，育有两子。②（图 6）1927 年，李恩富独自一人回到中国，再未返回美国，1933 年 12 月与妻子离婚，1938 年在广东去世。③

**图 6　李恩富与第二任妻子及儿子合影**

（来源：［美］李恩富著，唐绍明译：《我的中国童年》，珠海出版社，2006 年）

第二位迎娶美国女子的留美幼童是郑廷襄。郑廷襄（1864—1909），字兰生，广东香山人，为 1875 年第四批留美幼童，寄宿在祁洛医生家，1881 年考入耶鲁，旋被撤回中国。1884 年重回美国，经杜渣牧师介绍和资助，入马萨诸塞州伍斯特县自由技术学院（Worcester County Free Institute of Technology，今为伍斯特理工学院，Worcester Polytechnic Institute），1887 年以优异的成绩毕业。1889 年 11 月 11 日，在康州威灵市（Vernon）与斯帕克小姐（Nellie Harriet Sparks，1858—1942）结婚，两人是威灵市洛克威尔高中（Rockville High School）同学。容闳前

---

① *Stepping forth into the World*, p. 206.

② 李查理：《我爷爷是留美幼童》，转引自卢艳红、高巍巍主编：《彼岸——海外中山人纪事》，花城出版社，2009 年，第 140 - 145 页。

③ 李仙根：《痛闻季父少弼学博公广州凶耗》，黄健敏、李宁整理：《李仙根日记·诗集》，文物出版社，2006 年，第 164 页。

来参加婚礼，杜渣牧师主持仪式。① 郑氏夫妇婚后育有两子。1909 年 7 月 10 日，郑廷襄因病在新泽西州布顿去世（Boonton，New Jersey），13 日归葬于康州威灵妻子家族墓地。②

第三位迎娶美国女子的留美幼童是陆永泉。陆永泉（1860—1909），字盈科，广东香山人，1872 年第一批留美幼童，1879 年考入耶鲁，1881 年撤回中国，1882 年回到美国继续学业，1883 年毕业，1889 年到中国驻纽约领事馆工作。1890 年 6 月 22 日与美国女子洛克小姐（Margaret Lock Wing）结婚，没有小孩。③ 1909 年 7 月 31 日，陆永泉在纽约被一名心怀不满的中国工人杀害④，安葬在康州华盛顿绿地公墓（Washington Green Cemetery），靠近求学时寄宿家庭理查兹夫人（Julia Leavitt Richards）的墓。⑤

第四位迎娶美国女子的留美幼童是李桂攀。李桂攀（1860—1898），原名李扳，字步云，广东香山人，1873 年第二批留美幼童，1881 年撤回中国，1883 年返回美国。1893 年 3 月 5 日与在诺里奇学院（Norwich Academy）读书时寄宿家庭的女儿朱厄特小姐结婚（Elizabeth Standish Jewett，1846—1904）⑥。俩人在寄宿时已经相爱⑦，不过婚后没有生育孩子。⑧ 李桂攀编有《英语不求人》，1888

① 关于郑廷襄结婚的报道，有如下几则："A Connecticut Girl Marries a Chinaman", *Aberdeen Daily News*, November 30, 1889, p. 6; "A Connecticut Girl Marries a Chinaman," *The Evening Star*, November 12, p. 6.

② *Stepping forth into the World*, p. 206. 郑廷襄事迹又见《美国机械工程师学会期刊》1909 年 9 月第 31 卷第 7 期所刊讣告（"Jang Landsing", *Journal of the American Society of Mechanical Engineers*, Vol. 31, No. 7, September, 1909, p. 24），以及《伍斯特理工学院学报》（"The death of Jang Landsing", *The Journal of the Worcester Polytechnic Institute*, Vol. 13, No. 1, November, 1909, pp. 36 – 39），中国留美幼童联络网载有郑廷襄事迹，http: //www. cemconnections. org/index. php? option = com_ content&task = view&id = 81（September 9, 2019）.

③ "Chuan Lok Wing", Obituary Record of Graduates of Yale College, 1910, p. 1316.

④ "Chinese Consul Shot in Office", *Los Angeles herald*, August 1, 1909, p. 2.

⑤ Edward J. M. Rhoads, *Stepping forth into the World*, p. 204. 中国留美幼童联络网载有陆永泉事迹，http://www. cemconnections. org/index. php? option = com_ content&task = view&id = 112&Itemid = 55（September 9, 2019）.

⑥ *The Trenton Evening* Times (Trenton, New Jersey), December 7, 1898.

⑦ "Prominent or Peculiar", *The Anaconda Standard* (Anaconda, Montana), March 5, 1893, pp. 2 – 5.

⑧ Edward J. M. Rhoads, *Stepping forth into the World*, p. 205. 中国留美幼童联络网载有李桂攀事迹，http: //www. cemconnections. org/index. php? option = com_ content&task = view&id = 93&Itemid = 54（September 9, 2019）.

年在纽约出版。[①] 1898 年 1 月 9 日，李桂攀在纽约去世，葬在诺里奇妻子家族墓地。[②]

第五位迎娶美国女子的留美幼童是容揆。容揆（1861—1943），字赞虞、知叙，广东新会人，1873 年第二批留美幼童，与李恩富一起寄宿在马萨诸塞州斯普林菲尔德（Springfield）威尔（Vaille）家，1880—1884 年考入耶鲁，1885—1886 年在耶鲁继续研究生学习，1886—1887 年在哥伦比亚大学学习化学课程。1881 年留美幼童撤回中国时，逃走，由杜渣牧师和容闳资助，继续学业。[③] 1893 年 11 月，在容揆和相恋十多年的高中同学伯纳姆（Mary Elizabeth Lyon Burnham，1868—1952）在斯普林菲尔德走进婚姻殿堂。[④] 两人生有七个儿女。[⑤]

五位留美幼童定居美国，娶美国当地女子为妻，几乎重走容闳跨国婚姻的路线，很难说没有受容闳的影响。在美国排华大潮下，这些中美青年男女的结合，都是自由相识和恋爱的结果，完全不同于当时中国传统婚姻模式。虽然他们的婚姻，有相守终身的，也有以离婚结束的，但这正是新式恋爱和婚姻自由的体现。1881 年 9 月 4 日《纽约时报》评价清政府撤回留美幼童时说到，幼童来美长期留学，学习美国先进的电报、轮船、铁路、挖矿等先进工业和技术，而不接受美国社会文化和价值观、世界观的影响，这几乎是不可能的。[⑥] 这些留美幼童自小在美国生活和学习，然后毕业于美国高校，接受高等教育，长期定居美国，从事媒体、外交、工程师等社会地位较高的工作，基本上是“美国化”的中国人。他们与美国女子恋爱和结婚，并没有太多的文化心理和群体认同上的障碍，所以这样的跨国婚姻比较容易被美国社会所接受。

在留美幼童中，还有一段中英之间的跨国婚姻。第二批留美幼童唐荣俊娶一位英国女子为妻。唐荣俊（1862—1904），字秀兴，号杰臣，即唐廷桂长子（养

---

① T. L Stedman，李桂攀（K. P. Lee）：《英语不求人（*A Chinese and English Phrase Book in the Canton Dialect*）》，纽约利泰栈光绪十四年（1888）版和宣统二年（1910）版，商务印书馆民国五年（1916）。

② Edward J. M. Rhoads, *Stepping forth into the World*, p. 205.

③ Thomas E. LaFargue, *China's First Hundred*, p. 45.

④ 报道容揆婚礼的报刊有：*The Springfield Republican*, November 5, 1893, p. 3; *The Corvallis Gazette* (Corvallis, Or.), November 10, 1893, p. 3.

⑤ 中国留美幼童联络网载有容揆事迹，http://www.cemconnections.org/index.php?option=com_content&task=view&id=173&Itemid=54（September 9, 2019）.

⑥ “China's backward step: The recall of the students in this country”, *The New York Times*, September 2, 1881.

子），1875 年第四批留美幼童，1882 年撤回国内后，加入唐廷桂任总买办的怡和洋行，并且在 1897 年父亲去世后，接任总买办一职。唐荣俊早年在上海娶一位英国女子为妻，生有一子唐康泰，但是这段跨国婚姻未能被唐家接受，大约在 1890 年就以离婚告终。①

## 结　论

容闳和留美幼童的跨国婚姻是中国婚姻观念近代化的先驱，其跨国婚姻与留学经历有着很大的关系。容闳和留美幼童作为中国近代留学先驱者，留学欧美就是一个主动西化的过程，学习西方先进的科学技术、社会文化、政治制度等内容。留学虽然目的性很明确，但在异域学习和生活的过程中，无论是主动学习，还是被动受到潜移默化的影响和熏陶，他们很容易就突破留学最初的主题和内容，进行多方面、多角度的深度学习，以便适应当地的学习和生活。婚姻家庭观念是西方社会文化的重要组成部分，留学时间越久，就越容易受到所在地文化观念的影响。容闳和留美幼童接受了长期的、深度的美国教育，使之对美国思想文化、社会制度等比较认同，从文化心理和群体认同上来说，很容易接受西式的婚姻观和家庭观，从而摒弃中国传统“父母之命，媒妁之言”的婚姻观念，渴望自由恋爱，青睐受过教育、思想独立的西方女子，期望自由、平等的西式婚姻。容闳和留美幼童的新式婚姻观念，无意中走在了中国婚姻近代化的潮头。

综上所述，容闳和留美幼童既是中国近代留学美国的先驱者，又是中美跨国婚姻的先行者，对于研究中美文化交流史和美国华侨华人史，都是颇为难得的范例，值得学界继续发掘相关史料，以及从各种角度深入研究其价值和意义。

---

① 唐明珍：《留美学生唐杰臣及其后人概况》，《珠海文史》2004 年第 14 辑，第 60－61 页；中国留美幼童联络网载有唐荣俊事迹，http://www.cemconnections.org/index.php?option=com_content&task=view&id=137&Itemid=54（September 9，2019）.

## 参考文献

[1] Yan Phou Lee, *When I was a Boy in China*, D. Lothrop Co., 1887.

[2] Arthur G. Robinson, *The Senior Returned Students: A Brief Account of the Chinese Educational Commission (1872 - 1881) under Dr. Yung Wing*, American Board Mission, Tientsin, 1932.

[3] Yung Shan Him, *The Chinese Educational Mission and its influence*, Kelly & Walsh, 1939.

[4] T. E. LaFargue, *China's First Hundred: Educational Mission Students in the United States, 1872 - 1881*, Washington State University Press, 1942.

[5] 罗香林:《香港与中西文化之交流》，中国学社，1961 年。

[6] 朱传誉主编:《容闳传记资料》，天一出版社，1979 年。

[7] 刘真主编，王焕琛编著:《留学教育——中国留学教育史料》，台湾书店，1980 年。

[8] [美] 勒法格著，高岩译:《中国幼童留美史》，文艺书屋，1980 年。

[9] 李志刚:《容闳与近代中国》，正中书局，1981 年。

[10] 顾长声:《容闳：向西方学习的先驱》，上海人民出版社，1984 年。

[11] 李喜所:《容闳——中国留学生之父》，河北教育出版社，1990 年。

[12] 陈学询、田正平:《中国近代教育史资料汇编——留学教育》，上海教育出版社，1991 年。

[13] 石霓:《观念与悲剧——晚清留美幼童命运剖析》，上海人民出版社，2000 年。

[14] 刘中国、黄晓东:《容闳传》，珠海出版社，2003 年。

[15] 钱钢、胡劲草:《留美幼童——中国最早的官派留学生》，文汇出版社，2004 年。

[16] [美] 李恩富著，唐绍明译:《我的中国童年》，珠海出版社，2006 年。

[17] 容尚谦著，王敏若译:《创办出洋局及官学生历史》，珠海出版社，2006 年。

[18] 陈汉才:《容闳评传》，广东高等教育出版社，2008 年。

[19] [美] 史黛西・比勒著，张艳译，张猛校订:《中国留美学生史》，生

活·读书·新知三联书店，2010 年。

［20］Liel Leibovitz，Matthew Miller，*Fortunate Sons：The 120 Chinese Boys Who Came to America，Went to School，and Revolutionized an Ancient Civilization*，W. W. Norton & Company，2011.

［21］［美］利尔·莱博维茨、［美］马修·米勒著，李志毓译：《幸运儿》，商务印书馆，2014 年。

［22］井振武编著：《留美幼童与天津》，天津人民出版社，2016 年。

## Yung Wing's Transnational Marriage and Its Influence

Bin Muxin

**Abstract**：Yung Wing（1828－1912），a native of Xiangshan，Guangdong province，who went to study in the United States since 1847，and graduated from Yale College in 1854. In 1871，he prompted the Qing government to send 120 young boys to study in the United States in four batches（1872－1875），served important role as the Assistant Commissioner of Chinese Educational Mission（CEM，1872－1881）and the Assistant Envoy Extraordinary and Minister Plenipotentiary（1878－1881）. During his stay in the United States，Yung Wing married a Connecticut girl and had two sons. It has aroused the attention of public opinion in China and the United States，and also has a demonstrative effect on international marriages of CEM students. This paper explores the new historical materials of Yung Wing and the Chinese Education Mission in the United States，explains the origin and family life of Yung Wing's transnational marriage，and analyzes the different reports on the public opinion of China and the United States. It also dissusses the influence on Chinese Legation，Chinese Education Mission and CEM students' transnational marriage under the historical background of the anti-Chinese tide in the United States.

**Key Words**：Yung Wing，transnational marriage，Chinese Educational Mission students

# 英殖民时期吉隆坡华人社群的政治运动：以对五四运动的反应为例

黄颖康*

**【摘　要】** 英殖民时期的吉隆坡，作为英属马来联邦首府，并不是如新加坡等为重要的海外华人政治、经济和文化中心。但五四运动的爆发，《益群报》对五四运动的宣传和支持，使吉隆坡逐渐崭露头角，为马来亚华人的政治运动发挥了积极的作用。本文作为个案，旨在探究英殖民时期吉隆坡华人社群对五四运动的反应，重思海外华人民族主义的性质和多元化。本文根据《益群报》等文献，分三个层面探讨吉隆坡华人参与五四运动的动机，以及五四运动在马来亚华人政治运动中的定位和意义。吉隆坡华人的动机是以稳定本土社会经济和教育的发展为前提来尽最大的努力救援中国。中国因素和在地因素的彼此相连、互动和融合，开启了马来亚华人政治运动的本土化。

**【关键词】** 吉隆坡；华人；五四运动；《益群报》；本土意识

* 作者简介：黄颖康（Ng Weng Hong），日本创价大学历史系博士（Email：claryhong@ gmail. com）。

## 引　言

清末民初至第二次世界大战爆发期间，中国与海外华人地区都掀起了民族主义浪潮。知名海外华人史学者王赓武强调20世纪初的新马华人民族主义是中国民族主义在海外的延伸，也指出民国创立初（1912年）至抗日战争全面爆发（1937年）期间，南洋华人民族主义的发展与当时中国的政治事件有密切关系，并受中国南来的知识分子影响[①]。例如1915年的"二十一条"、1919年的五四运动、1928年的"济南惨案"等，皆先后在中国与马来亚地区引发了抗日浪潮。[②]此外，自辛亥革命后，马来亚华人社群中涉及政治性质的社会运动一直在延续发展[③]，而华文报纸和华文学校均在马来亚华人民族主义的形成过程中扮演了重要角色。[④]

尤其在1919年，华人受中国五四运动影响，激起了强烈的民族情感，也引发了有规模的抵制日货运动，甚至在新加坡[⑤]和槟城[⑥]引发了相关暴动。而在吉隆坡，被誉为新马"无政府主义之父"的《益群报》总编辑吴钝民[⑦]等六人因积

---

① Wang Gungwu, "The Limits of Nanyang Chinese Nationalism, 1912 - 1937". In C. D. Cowan and O. W. Wolters (eds.), *Southeast Asian History and Historiography: Essays Presented to D. G. E. Hall*, Cornell University Press, 1976, pp. 405 - 423.

② 李恩涵：《东南亚华人史》，东方出版社，2015年，第336 - 342页；Yoji Akashi, "The Nanyang Chinese Anti-Japanese and Boycott Movement, 1908 - 1928: A Study of Nanyang Chinese Nationalism", *Journal of the South Sea Society*, Vol. 23, 1969, pp. 69 - 96.

③ 林水檺、骆静山：《马来西亚华人史》，马来西亚留台同学会联合总会，1984年，第51 - 58页；C. F. Yong and R. B. McKenna, *The Kuomintang Movement in British Malaya, 1912 - 1949*, Singapore University Press, 1990, pp. 22 - 82.

④ 例如Benedict Anderson和Ernest Gellner所论述，现代教育和报纸等文字传媒在民族主义的形成与宣传中所扮演的关键角色，见Benedict R. O'Gorman Anderson, *Imagined Communities: Reflections on the Origin and Spread of Nationalism*, Verso, 1983; Ernest Gellner, *Nations and Nationalism*, Basil Blackwell, 1983.

⑤ 6月19日晚上的新加坡，聚集在街头演说的华人群众闯进和破坏贩卖日货的华人店铺，也涌进日本人居住的马来街（Malay Street），袭击日本人的房屋、店铺和药店及破坏日货等骚乱连续发生了两天。见日本外务省：「新嘉坡ニ于ケル中国人ノ排日运动、暴行、ボイコット及之ニ対スル英官宪ノ措置报告ノ件」、1919年6月21日、『日本外交文书』大正8年第2册下卷「中国ノ日货排斥运动ニ関スル件」、外务省外交史料馆。

⑥ 6月21日，槟城与新加坡一样发生类似的骚乱，日本人娼妓成了群众的袭击对象，日本制造的人力车也被愤怒的群众烧毁。随后参加示威队伍的工人趁机攻击仓库，抢夺米粮，与警察冲突。见崔贵强：《海峡殖民地华人对五四运动的反响》，《星马史论丛》，新加坡南洋学会，1977年，第66页。

⑦ 吴钝民，福建永春人，早年在中国接受优良的儒家教育，其生平事迹尚未有完整记载，有待考证。有关其记述可参见杨进发：《吴钝民政论集》，新加坡亚洲研究学会，1995年；许源泉：《永春地方掌故・吴钝民一生坎坷》，（台北）《永春文献》1973年第8期，第11页。

极响应五四运动，推广左派政治思想，其激进态度引发了英殖民政府的不满而遭逮捕和驱逐出境，是为“六君子事件”。[①] 之后，英国开始加强对华人政治活动的监控与压制。[②] 此外，新文化运动的风潮加速了白话文和华语的推广和普及[③]，推进了马来亚华文教育的发展。因此，1919 年的五四运动成为海外华人，包括马来亚华人的政治、教育和思想史上的重要转折点。

学术界以五四运动为主题来探讨海外华人的研究成果颇丰，例如，五四运动对海外华人的影响，海外华人对五四运动的回响，华社与中国的关系，等等。[④] 其中也有不少研究尝试扩大认识五四运动新视野。[⑤] 但是，多数研究是从中国近代史的角度来探讨海外华人，加上资料的局限，研究范围多偏重于分析新加坡及槟城等华人人口密集且有代表性的城市，较少深入探讨新加坡及槟城以外的马来亚各地区及华人社会各阶层对五四运动的反应及诠释。当然，也有对相关地区的研究，不过都是在支持和加强对新加坡等地区的研究框架下进行论述的。另外，当时生活在马来亚的海外华人还是以籍贯、方言和帮派为主的社群，并非一个拥有共同语言、文化和完整统一组织的“马来亚华人”社会。[⑥] 这些研究都显示了海外华人民族主义的起因与契机主要受中国事件的影响，但是海外华人民族主义的性质，海外华人参与五四运动的动机可能因各地华人社会的特性和复杂身份而不同，有进一步探析的空间。

因此，本文通过分析当时作为宣传无政府主义据点却没有如新加坡和槟城发生暴动的吉隆坡的华人社群对五四运动的反应，进而对当地的华人参与五四运动的动机进行论述。

---

① 叶钟铃：《吴钝民与吉隆坡〈益群报〉》，《新马华族文史论丛》，1999 年，第 280 – 281 页。

② C. F. Yong and R. B. McKenna, *The Kuomintang Movement in British Malaya , 1912 – 1949*, Singapore University Press, 1990, pp. 22 – 82；林慧婷：《暗流汹涌：马来亚社会运动发展（1900—1941）》，《史汇》2006 年第 10 期，第 321 – 346 页。

③ 林之光、朱化雨：《南洋华侨教育调查》，国立中山大学研究院教育研究所，1936 年，第 48 页。

④ 崔贵强：《海峡殖民地华人对五四运动的反响》，第 62 – 76 页；菅野正：「五四运动と南洋华侨」、『奈良大学纪要』第 10 期、1981 年、第 71 – 83 页；刘芳彬：《海外华侨华人的爱国活动与五四运动》，《山西社会主义学院学报》2013 年第 4 期，第 65 – 68 页；郭永虎、孟娇娇：《海外侨界参与五四运动探析——以留学生、华侨、华工为中心的考察》，《上海党史与党建》2019 年第 6 期，第 7 – 11 页。

⑤ David L. Kenley, *New Culture in a New World: The May Fourth Movement and the Chinese Diaspora in Singapore*, 1919 – 1932, Routledge, 2003；黄贤强、施彦：《五四纪念在新加坡——以华文报章的报道和华社记忆为中心》，《五四的历史与历史中的五四——北京大学纪念五四运动 90 周年国际学术研讨会论文集》，2010 年，第 619 – 640 页。

⑥ 林慧婷：《暗流汹涌：马来亚社会运动发展（1900—1941）》，《史汇》2006 年第 10 期，第 333 页。

作为英属马来联邦首府，20 世纪初的吉隆坡是一座刚经历内战，正欣欣向荣的新开辟城市。吉隆坡拥有丰富锡矿，吸引了众多华人矿工及从事种植业、采矿业和工商贸易的华商前来移居，其中客家人和广东人最多，所以英殖民政府赋予其代表①管理吉隆坡华人社群的权力。他们和福建、潮州及海南等其他帮派在吉隆坡建立了许多华团组织，也设立了学校、阅书报社和报馆。② 另外，英殖民政府为了有效管理吉隆坡华人社群，设立了一些机构并委任华人代表进行管理。③ 在五四运动爆发期间，吉隆坡共有 14 个华团④，而有 14 位华人被委任为相关机构华人代表。⑤

本文根据上述背景和社会结构，使用当时在吉隆坡刚面世不久的华文报纸《益群报》等文献，对吉隆坡华人的状况进行分析。全文分成三个层面进行讨论，即吉隆坡华人的舆论界、教育界和经济界对五四运动的反应。首先梳理当地新闻对五四运动的报道与读者的回应，接着通过论述教育界、学生、华商与华工的反应，试论吉隆坡华人参与五四运动的动机，以及五四运动在吉隆坡华人政治运动中的定位和意义。

---

① 吉隆坡最后的甲必丹叶观盛（Yap Kwan Seng）是客家人，其继承人陈秀莲（Chan Sow Lin）祖籍广东，担任 1902 年至 1921 年雪兰莪州议会的华人议员。见张晓威：《甲必丹叶观盛时代的吉隆坡客家帮权政治发展（1889—1902）》，《全球客家研究》2017 年第 9 期，第 185 - 208 页。

② 黄文斌：《论析吉隆坡华人社区的形成与客家人的参与（1859—1920）》，《亚洲文化》2008 年第 32 期，第 103 - 126 页。

③ 例如，设立雪兰莪华人参事局、吉隆坡卫生委员会、吉隆坡保良局等，在雪兰莪州议会委任华人议员。见吴佩珊：《英殖民政府对吉隆坡华人事务管理——从自治至法治的转变（1868—1914）》，台湾“中央”大学历史研究所硕士学位论文，2012 年。

④ 地缘性华团有 11 个，为雪兰莪惠州会馆（1864 年），雪兰莪茶阳会馆及回春馆（1878 年），雪兰莪东安会馆（1882 年），雪隆赤溪会馆（1885 年），雪兰莪福建会馆（1885 年），雪隆广肇会馆（1886 年），雪隆海南（琼州）会馆（1889 年），雪隆潮州八邑会馆（1891 年），雪兰莪嘉应会馆（1902 年），雪隆福州会馆（1912 年）。血缘性华团有 2 个，为雪隆叶氏宗祠（1892 年）及雪隆陈氏书院宗亲会（1896 年），而跨帮群组织有雪兰莪中华商务总会（1904 年）。见黄文斌：《论析吉隆坡华人社区的形成与客家人的参与（1859—1920）》，《亚洲文化》2008 年第 32 期，第 103 - 126 页。

⑤ 雪兰莪州议会议员有 1 名，雪兰莪华人参事局有 8 名，吉隆坡卫生委员会有 2 名，吉隆坡保良局有 10 名，大华楼基金委员会有 5 名，多人身兼多职，例如陈秀莲和朱嘉炳等。见 Federated Malay States Government Gazette，1919，Vol. 11，pp. 73 - 81；“Po Leung Kuk Committee，1919”（1957/0203033）.

## 一、五四运动与吉隆坡的舆论

五四运动爆发时，吉隆坡拥有英文报《马来邮报》（*Malay Mail*）[①] 和中文报《益群报》（*Yik Khuan Poh*）两份报纸。经查阅，目前没有发现《马来邮报》有关吉隆坡华人回应五四运动的报道。所以，本文主要使用《益群报》分析华人关于五四运动的舆论。

《益群报》[②] 创刊于1919年3月24日，是当时吉隆坡《侨声日报》自1912年停刊约七年后发行的报刊。[③] 1918年6月18日，吴钝民就致函林青山，提出"拟与君创办一最有荣誉最利益人群之事业"的要求，当晚二人与林剑魂三人共同商议，随后又邀请了黄重吉与罗文兴（吉隆坡美以美教会华人传道士主任）一起决定办报。林青山并以"办报为益同群"之故，为报纸取名《益群报》。[④] 办报宣言既出，即获得相当支持，遂于1918年9月25日由十二人成立了首届董事会。除了罗文兴之外，主要股东都是国民党要员。[⑤]

1919年5月，巴黎和会对青岛问题的处置引起中国人民的不满，五四运动以北京为中心迅速向全国扩散开来，甚至及于海外。《益群报》有关五四运动的报道最早可以追溯至5月12日。吴钝民在《益群报》就青岛问题先后发表文章近二十篇，批评北洋政府腐败无能，谴责日本对中国的横暴和恐吓，提倡抵制日

---

① 1896年12月1日由罗逊（J. H. M. Robson）创刊和担任该报总编辑，成为马来联邦第一份报纸。罗逊与吉隆坡富商陆佑（Loke Yew）友善，后来成为陆佑的代理人兼顾问。有关陆佑的新闻多通过《马来邮报》的报道而名传遐迩。见 John Henry Matthew Robson, *Records and recollections* (1889 - 1934), Kyle, Palmer & Co. , 1934。

② 早期以国民党机关报的名义存在。然而，主笔吴钝民是无政府主义者，也是爱国人士，在中国五四运动爆发之前，发表了一些有关无政府主义或社会主义的文章。见《阶级制度流毒社会论》，《益群报》，1919年4月14日；《五月一日感言》，《益群报》，1919年5月2日。而编辑部撰述吴天囚与报社经理林青山亦然。所以《益群报》也被视为宣传左翼政治思想的报纸。见 C. F. Yong, *The Origins of Malayan Communism*, South Seas Society, 1997, pp. 29 - 35.

③ "1919年《益群报》在吉隆坡创刊前，近八九年的时间中，中马地区竟没有报纸的出版。虽然较早以前，吉隆坡曾经有过《广时务报》、《南洋时务报》（1897）、《吉隆坡日报》（1909）、《四州七日报》及《四州日报》（1910）、《侨声日报》（1912）六家报纸，但它们的刊龄都未足一年，旋开旋闭、昙花一现，影响甚微。"见徐艰奋：《铁笔春秋：马来亚〈益群报〉风云录》，新社，2003年，第25页。

④ 《本报略史（续）（林青山）》，《益群报》，1920年3月1日；《本报略史（再续）（林青山）》，《益群报》，1920年3月2日。

⑤ 《本报略史（三续）（林青山）》，《益群报》，1920年3月3日。

货等。[①] 最具代表性的是他在5月22—29日发表的七篇告侨胞书。他强调青岛问题关系国家存亡，呼吁海外侨胞身为国民一分子，教育界要觉悟其救国责任，声援五四运动。之后，5月23日《益群报》开始大量报道北京和上海的状况，而吴钝民也开始呼吁振兴中国国产货。5月26日开始报道在中国抵制日货的消息。

同时，《益群报》刊登读者关于五四运动的投稿，以期推动吉隆坡华人参与五四运动。投稿内容主要是呼吁各界支持和宣传五四运动[②]，批评英殖民政府禁止从中国进口报纸来阻止华人爱国，认为抵制日货是维护和平及人类幸福的举动。[③] 此外，转载中国的电报，以期待吉隆坡华人仿效中国采取行动。例如，团结一致抵制日货，不聘请和租房给日本人，停止纳税及罢市等。[④]

上述可见《益群报》积极宣传五四运动，可是现实并非如此。

贵报侨胞侨胞，速起速起，开国民大会，打电回国，争回主权。……不要待星洲华侨打电，而后从之。此处华侨前年那个康圣人，引诱入保皇党，至今不能跳出罗网。……在现此地△界谨知到（道）吃饭，□界仅知讲鬼话，○界仅顾要钱。祖国的事，是不要做的。若是待星洲华侨打电，是犹缘木求鱼也。诸君幸勿误会。希悔敬告。[⑤]

根据上述史料可知，《益群报》积极提倡吉隆坡华人立即召开大会商讨对策和发电报声援中国，并告诫吉隆坡华人不要等待新加坡发电报，应率先行动。此外，该新闻指出吉隆坡华人依然深受康有为及保皇党的影响，所以当地各界华人处于被动状态。这说明了《益群报》的积极宣传未能达到效果，只有部分华人被动员参与五四运动。例如5月28日在茨厂街的日本妓院发生小骚乱，促使英殖民政府派遣大量官员出面维持秩序。[⑥]

---

① 原不二夫：「华侨の民族主义と中国・日本——マラヤ・シンガポールを中心に——」、『东亚近现代通史』第6卷、2011年、岩波书店、第73－100页。

② 《为青岛问题泣告海外女同胞》，《益群报》，1919年5月26日；《传单照录》，《益群报》，1919年5月28日。

③ 《说居留政府必不钳制吾侨》，《益群报》，1919年5月28日。

④ 《请看此一电》，《益群报》，1919年5月29日；《海内外同胞对于青岛问题之切实办法》，《益群报》，1919年5月30日。

⑤ 有关△、□、○符号为依照史料原文。可参见《敬告侨胞》，《益群报》，1919年5月30日。

⑥ 《吉隆茨厂街肇事》，《叻报》，1919年7月7日。

英殖民政府的举措促使吉隆坡华人的舆论开始变得踏实和理性，例如呼吁华人“谨守居留地法律，以文明对待，切不可用武力举动”来抵制日货。[①]《益群报》也开始征文收集日货的名字、商标等信息，[②] 邀请教育界和华商等人士计划编辑出版 2 000 册名为“青岛泪/青岛痛言”的选集，收录吉隆坡华人对五四运动的舆论。[③] 此外，有投稿建议在召开华侨全体大会商讨救国对策之前应通报英殖民政府，恳请英殖民政府代表华人致电巴黎和会为中国主持公道，[④] 这也促使雪兰莪和吉隆坡 7 个书报社联合致电声援五四运动。[⑤]

另外，《益群报》作为“平民的喉舌”[⑥]，积极揭露贩卖日货的商号和商人的名字，[⑦] 赞扬贩卖中国货的商店[⑧]及刊登当事人澄清的通告。[⑨] 但引来了不必要的误会和争论，影响了华人支持五四运动的士气。

6 月 18 日，有投稿指责《益群报》主笔吴天囚与一家贩卖中国制布匹的张志升号勾结，称该商号暗中向售卖日货的东南公司进货。[⑩] 翌日他们立即澄清，登报告示劳动铁血团务必调查清楚，不要含血喷人。吴天囚还称这个由苦力组成的团体，无理取闹，以卑劣手段报私仇。他们行为激烈，派发抵制日货传单恐吓张志升号和一些贩卖日货的商号如吉祥号等，造成社会混乱。

因此，《益群报》在 6 月 20 日的报纸上，刊登了题为“阅报诸君注意，爱国同侨亮鉴”的通告，表示今后不会刊登揭露和投诉售卖日货商人等投稿，但会继

---

① 《紧要传单照录》，《益群报》，1919 年 5 月 31 日。

② 《特别征文》，《益群报》，1919 年 5 月 30 日。

③ 《编辑青岛泪小书》，《益群报》，1919 年 6 月 2 日。

④ 《我华侨应通报居留政府开全体救国大会》，《益群报》，1919 年 6 月 2 日。

⑤ 《南洋雪兰莪书报社联合致祖国电》，《益群报》，1919 年 6 月 5 日。

⑥ 《创刊宣言》，《益群报》，1919 年 3 月 24 日。

⑦ 《奸商乘机渔利（知之）》，《益群报》，1919 年 6 月 12 日；《抵制声中火柴忙（亚鹤）》，《益群报》，1919 年 6 月 13 日；《来函一（工界头人邵狗）》《来函二（爱国商人勉之稿）》，《益群报》，1919 年 6 月 14 日；《来函照登（张志升工人叶梅芝）》，《益群报》，1919 年 6 月 18 日。

⑧ 《喂！同胞！纯粹国货布匹来了》，《益群报》，1919 年 6 月 13 日；《张志升号新到纯粹国货再志》，《益群报》，1919 年 6 月 17 日；《介绍国货火腿》，《益群报》，1919 年 6 月 18 日。

⑨ 《来函照登（吉隆泉丰号）》，《益群报》，1919 年 6 月 12 日；《来函照登（北塞口吉祥号）》，《益群报》，1919 年 6 月 12 日；《来函照登（弟张志升）》，《益群报》，1919 年 6 月 19 日。

⑩ 《来函照登（李天良）》，《益群报》，1919 年 5 月 31 日。

续积极履行报道五四运动等重要事件的责任，[①] 也宣布删除和停止刊登一切日货的广告，[②] 以期解除误会，结束社会混乱局面。

尽管如此，英殖民政府依然没有放松对华人的警惕。在新加坡，有人派传单虽然没有触犯条例或扰乱秩序，却被英殖民政府以煽动人心之罪逮捕。针对此事，吴钝民批评英殖民政府压制华人爱国，扶助强权的日本，毫无公理。[③] 此后，他更大力支持五四运动，具体提议抵制日货的对策，鼓励华人效仿上海进行罢市来索回被诸列强侵略的国土，建议秘密进行地下行动。[④] 最终，这些激进的言论成为后来他被英殖民政府逮捕的原因之一。[⑤]

## 二、吉隆坡教育界和学生对五四运动的响应

20 世纪初，随着清政府的教育改革，马来亚各地纷纷成立新式华文学校。[⑥] 而在吉隆坡，最早的新式华文学校是成立于 1906 年的尊孔学校和 1908 年的坤成女校。[⑦] 1916 年，华人深感商业日趋发达，实有造就商业人才的必要，于是吉隆坡尊孔学校校长宋木林（又名宋森）将该校高等小学改办为商业班。此外，坤成女校实行职业实习制，等等，开始注重实用教育。[⑧]

1919 年，雪兰莪和吉隆坡地区共有 24 间华文学校。[⑨] 吉隆坡 8 间华校约有

---

① “近有一二商店，未明救国大义，制敌良策，犹有私办□货，以违公意。本报代为揭表，亦非少数。诚足以儆一而惩百矣。后此如有冥顽奸商。……惟希爱国诸君，确实调查，自由实行，勿庸登载。凡关宣布私办□货，揭明姓名数其罪状之来稿，恕不发表。至于青岛问题之签约及各关重事件，本报仍当勉尽责职。”见《阅报诸君注意，爱国同侨亮鉴》，《益群报》，1919 年 6 月 20 日。

② 《阅者注意》，《益群报》，1919 年 6 月 19 日。

③ 《捕我义民》《钳制吾侨爱国（钝民）》，《益群报》，1919 年 6 月 11 日。

④ 《抵制倭货管见》，《益群报》，1919 年 6 月 13 日；《平民之公敌》《上海罢市》，《益群报》，1919 年 6 月 14 日；《欲望抵制倭货一致实行者》，《益群报》，1919 年 6 月 16 日；《敢告爱国的同侨》，《益群报》，1919 年 6 月 18 日。

⑤ 《钝民君与华民政务司问话记》，《益群报》，1919 年 7 月 31 日。

⑥ 民国初期，中国方面重视马来亚华文教育的发展，在 1914 年起先后成立了英属马来亚华侨学务总会及雪兰莪华侨学务会等半官方教育机构。而新式学校渐渐采用白话文的教材，师资主要来自中国的知识分子，规模设备逐渐完善。见郑良树：《马来西亚华文教育发展史》（第一分册），马来西亚华校教师会总会出版，1998 年，第 101 - 188 页。

⑦ 林远辉：《马来亚独立前的华侨学校》，《华侨史论文集》（第二集），暨南大学华侨研究所，1981 年，第 241 - 265 页。

⑧ 陈国华：《先驱者的脚印——海外华人教育三百年 1690—1990》，Royal Kingsway Inc.，1992 年，第 130 - 131 页。

⑨ 《南洋私塾》，《叻报》，1919 年 6 月 26 日。

1 500名学生[①]，可说当时学生人数可观。此外，同年 5 月 21 日雪兰莪教育会获得华民政务司批准注册，众多华人领袖[②]被邀请作为会内执事人员前往签字进行筹备。5 月 24 日，尊孔学校举行了 12 周年纪念庆典。[③]

上述内容说明了当时吉隆坡的华文教育正在蓬勃发展。经过《益群报》积极宣传五四运动所带来的冲击，5 月 26 日和 27 日吉隆坡教育界 70 人和 24 校学生联名致电巴黎和会中国代表团，表示坚决反对承认巴黎和会的决定，提倡使用中国货，号召马来亚各埠书报社、商会、教育会、工团和各会馆即日开会商议对策，但没有表明是否支持参与抵制日货运动。[④]

此外，教育界为了启迪民智，让不识字的人也可以了解状况并参与讨论，便将露天演说或演讲会作为极力推广的活动。例如，《益群报》记者骆炯雄、吉隆坡“最乐剧团”代表钟幼臣、巴生中华学校教员陶哲成等教育界人士多次在雪兰莪惠州会馆[⑤]斜对面的空地等场所进行演讲。[⑥] 至于为何在该地举办演讲，虽然无从考证惠州会馆是否给予支持，但惠州会馆创办并设校在馆内的循人学校校长李颂尧积极支持五四运动。[⑦] 此外，吉隆坡各华人团体表示“如果有心救国，尽可自由买卖，则政府万不至于干涉。如因救国生出犯法事件，则政府为保护治安起见，不得不出而干涉”，劝导当地华人共守文明，遵守当地法律。[⑧] 所以可以推测惠州会馆和其他团体是有意支持的，但必须以遵守当地法律为前提，方可支持和参与五四运动。

在此背景下，吉隆坡境内演说社团寥寥无几，演讲场所有限，且演讲人员稀

---

① “除尊孔学校达三百学生以外，如中国与循人两男校，柏荣与坤成两女校亦将达二百名以上。又如柏荣与国民两校，亦不下百数十名之多。半山芭之辟智一小埠耳亦有百五十余名。”见《学务发达之可喜》，《益群报》，1919 年 4 月 21 日。

② 客家：叶隆兴、李颂尧；潮州：朱嘉炳；广东：张郁才、辛百卉、黄志卿、廖壁泉。见《雪兰莪教育会已准注册》，《益群报》，1919 年 5 月 22 日。

③ 《学艺会之预志》，《益群报》，1919 年 5 月 20 日。

④ 《鼍鼓风声震地球》，《益群报》，1919 年 5 月 26 日；《学生响应》《本坡华侨再接再厉之通启》，《益群报》，1919 年 5 月 28 日。

⑤ 由吉隆坡甲必丹叶亚来（叶德来）创办于 1864 年。1884 年在馆内附设当时第一间华人私塾“唐文义学”，1913 年改为新式小学，名为“循人学校”。

⑥ 《演说纪闻》，《益群报》，1919 年 5 月 30 日；《商业学校开策励演讲会》，《益群报》，1919 年 6 月 2 日；《露天演说吉隆坡之继起有人》，《益群报》，1919 年 6 月 12 日。

⑦ 《鼍鼓风声震地球》，《益群报》，1919 年 5 月 26 日；《编辑青岛泪小书》，《益群报》，1919 年 6 月 2 日。

⑧ 《吉隆茨厂街肇事》，《叻报》，1919 年 7 月 7 日。

少。为了获得各团体的支持，教育界开始建议调整露天演讲的内容和进行方式。例如，鼓励学生组织露天演说队，强调露天演说的内容要遵守当地法律，呼吁民众关注和解决吉隆坡的粮食问题，提倡露天演说要在马来亚各处进行，为启蒙华工等。[①]但是这些建议似乎没有获得具体的实行。[②] 尽管如此，由学生进行露天演说的学生露天演说队还是组织了起来，甚至有学生自主调查在吉隆坡有哪些商户售卖中国货等，协助抵制日货。[③]

有关学生对五四运动的想法以及学生露天演说的实际内容，虽然无法考证，但我们可以参考以下的文章进行思考。

> 昨查有本坡尊孔学校小学生，凌常君住苏丹街巷第一号，昨晚因聆某某数君，坐其室痛谈国事，言至亡国之惨痛处，愤火中烧，几至泣下。后再闻某君言及吾侨在海外居留，除实行抵制东羊（洋，下同）货为救亡当务之急外，又预备与倭奴背城一战，大有一言一泪，一声一泣之慨。该生身上适穿的东羊货之汗衣。遂即将该汗衣撕得碎●，用脚践踏，并唾骂不已。是可知吾国人心民气之喜。小学生愤怒心可敬可爱也。[④]

这里可以得知学生是赞成抵制日货，支持五四运动的。虽然一名小学生无法代表全体学生，况且不能确定此报道的可信度或者是否被夸大宣传，但是因为校方或教育界警示和提醒学生遵守当地法律，所以学生只能在内心表示支持，或者以个人为单位，小规模暗自进行抵制日货。

总而言之，吉隆坡的教育界和学生都有考虑英殖民政府和华团的动态，整体上还算是显得比较理性和冷静，处于可以控制的状态。

## 三、吉隆坡华商与华工对五四运动的反应

吉隆坡华人社群流传着一句话："叶亚来打州府，陆佑建吉隆坡"，指的是

① 《劝南洋学生组织露天演说队（黎耀聪）》，《益群报》，1919 年 6 月 11 日；《致雪兰莪尊孔学校校友会同人书》，《益群报》，1919 年 6 月 14 日。

② 《复萧友仁君书》，《益群报》，1919 年 7 月 7 日。

③ 《国货调查录》，《益群报》，1919 年 6 月 13 日；《公蕉园新民学校拟组织学生露天演说队》，《学生露天演说》，《益群报》，1919 年 6 月 19 日。

④ ●是无法读取的字。《小学生愤激心之可敬可爱》，《益群报》，1919 年 5 月 31 日。

甲必丹叶亚来平定战乱及开辟吉隆坡，而陆佑则在建设和发展吉隆坡方面有突出的成就。1919 年在吉隆坡社会上有权势的华商，如叶隆兴（甲必丹叶观盛之子）、朱嘉炳（陆佑旗下人士）、陈秀莲和张郁才等都被委任为英殖民政府机构的华人代表。他们主要从事锡矿开采和橡胶种植行业。

第一次世界大战结束后，价廉物美的日货，例如棉布和杂货充斥了马来亚市场，多数在海峡殖民地代理售卖日货的都是华商。① 虽然相信在吉隆坡售卖杂货的华商也会代理日货，但是如前文所述，当地有权势的华商所经营的行业与日本商人不同，没有明显的利益关系和冲突。所以吉隆坡华人领袖和有权势的华商没有参与抵制日货的动机。

根据报告抵制日货情况的日方文献，日货首先遭拒绝搬运，当中居留吉隆坡的日本人日常消费的用品、粮食和货物也无法流通。此外，市内交通如华人人力车拒绝接载日本人。所以对日本人的生活造成极大不便。同时，购买日货的华人顾客大减，造成一大半是零售商的马来亚日商生意重创。虽然华人以外的顾客稍微增加，但是销售额至少下跌了五至七成。其中下跌最大的是医药类，有七八成，而棉布类和一般杂货也下跌约五成。下跌幅度比较小的是美术品、化妆品和橡胶园供应品等，只微跌二至四成。② 这里我们可以观察到各种日货被华人消费者和部分华工大量抵制，却无法掌握华商和华工整体上对抵制日货的具体行动和动机。

从 5 月 26 日起，《益群报》开始积极宣传五四运动，但是吴钝民的言论影响了华商和华工对五四运动的基本反应。

我（吴钝民）昨天请我侨胞急开大会，开了大会，议决四条进行。第一第二这两条，我侨胞是必赞成的。若第三条（禁售禁用某洋货物，与某洋人断绝交通）③，恐怕我侨胞尚有些疑忌，不敢进行。盖以提倡抵制东羊货，当地政府与

---

① 崔贵强：《海峡殖民地华人对五四运动的反响》，第 62 – 76 页；南洋及び日本人社：『南洋の五十年：シンガポールを中心に同胞活跃』、章华社、1938 年；清水洋・平川均『からゆきさんと経済进出—世界経済のなかのシンガポール - 日本関系史—』、コモンズ、1998 年。

② 该文献也记录了有关新加坡和槟城的情况。见黄颖康：『排日运动の展开に见る近代マラヤ华人社会の变化——日货排斥运动を中心に——』、创価大学大学院文学研究科人文学専攻修士学位论文、2017 年。

③ 《为青岛问题三告侨胞—危机一发/稍纵即逝—》，《益群报》，1919 年 5 月 24 日。

倭奴有邦交的关系，是必出来干涉我们的。在我的意见，这却不必怕。盖以世界断无禁人爱国的。我们这个举动系是爱国的举动，总是要受文明的秩序就够了。……若果当地政府干涉我们，这里也不是我们生长的乡土，我国尚未真亡。尽可联同一气。做生意的人，把生意不要做。做工的人，也把工不要做，一齐搬回国去便了。①

吉隆坡华人认为就算遵守法律，维持文明秩序，英殖民政府还是会因为英日同盟的关系配合日本的要求，干涉和阻止抵制日货运动的发生，所以他们犹豫，不积极参与抵制日货。但是吴钝民主张华商和华工放弃吉隆坡的工作，搬回中国，因为吉隆坡毕竟不是华人的故土，而华人是属于中国的。这言论对于多年在吉隆坡生活和打拼的华商和华工来说，显得残忍和不踏实，不符合华人身为马来亚移民社会一分子的利益。这让华商和华工对抵制日货产生矛盾和顾虑等复杂的心情，面临艰难的抉择。

在此背景下，我们可以看到三种反应：

第一种是积极的反应。5 月 28 日开始了抵制日货活动和致电表示支持五四运动。② 其中，广东帮杂货店顺祥号的欧阳利率先抵制日货。③ 顺祥号欧阳利是当年雪兰莪广肇会馆总理，④ 以他为首的广东帮、福建帮和潮州帮共 36 家杂货店商号召开紧急会议，定下三项条规。⑤ 预定在 6 月 15 日开始抵制日货后，达庆鞋行也决定加入抵制日货的阵容。⑥

华工也不甘示弱，登报召开集会，商议抵制日货的对策。⑦ 其中最具代表性的是广东帮和潮州帮的搬运工人，在某酒楼宴请各帮华工工头，联合声明决定在

---

① 《为青岛问题四告侨胞—抵制东羊货是必要行的—》，《益群报》，1919 年 5 月 26 日。

② 《十九行奋起直追》，《一片同仇敌气（忾）声—侨胞速起以继其后—》，《益群报》，1919 年 5 月 28 日。

③ 《侨商对于〇〇之进行》，《益群报》，1919 年 5 月 29 日；《可嘉哉顺祥店之上下一心（骆炯雄投稿）》《来函照登（欧阳利投稿）》，《益群报》，1919 年 5 月 30 日。

④ 《广肇会馆之选举》，《益群报》，1919 年 3 月 25 日。

⑤ 此三项条规为：“一，实行抵制东羊货；二，如有奸商故违与私自购办东羊货者一经查出誓共弃之并实行与之断绝交通与来往；三，此后如有新张杂货店必须加入此约各号方能与之交易及往来。”见《广福潮各帮杂货店会议联同实行抵制东羊货》，《益群报》，1919 年 6 月 4 日。

⑥ 《达庆行全体联合实行抵制倭货》，《益群报》，1919 年 6 月 5 日。

⑦ 《神圣劳动工人之热心爱国》，《益群报》，1919 年 6 月 2 日；《抵制□货之奇闻》，《益群报》，1919 年 6 月 6 日。

6 月 15 日起拒绝搬运日货，并发布实行三项对策。[①] 虽然华工比华商的反应稍晚[②]，但是华工能积极参与五四运动极大可能是因为受到报纸和露天演说的启发。[③] 华工意识到教育的重要性，为了让更多华工能够得到启发，华工中的热心人士创设了一概不收学费的“平民半夜义学”。[④]

第二种是现实的反应。华商会根据行业的盈亏情况来决定是否参与抵制日货。例如，经售日货较少的水果贸易行业比较有能力抵制日货，而经售多种日货的进口贸易商家若强行抵制日货，就会血本无归，导致抵制日货半途而废，反而会被日本人讥笑。因此有人建议必须召集各行业华商，根据行业的情况和性质来商议对策。[⑤] 否则，抵制日货的行动会变质，无法实行下去。例如某华商在抵制日货会议中表面上赞成，之后暗地里联络新加坡的商家购买数大宗日货。[⑥]其中最令人瞩目的是张志升号。该商号早期热心贩卖国货，[⑦] 但后来被其工人登报揭露与隔壁贩卖日货的东南公司有关系，[⑧] 并将日货改装成中国商标，以中国货的形式瞒天过海。[⑨] 之后虽然张志升号有登报澄清[⑩]，但这说明了当时部分华商面临着矛盾重重的现实问题，而无法全面参与抵制日货和全力支持五四运动。

而第三种反应是不积极看待五四运动，专注于本土事务。这类主要是参与英殖民统治体制里的华人领袖、华商和组织的反应。例如，雪兰莪中华商务总会在 5 月 31 日发布传单，邀请各会馆各行商团公举代表出席当日下午 2 点半召开的紧急大会议，“一仪米粮事，一应办事宜”[⑪]。传单内所写的“应办事宜”应该是指

---

① 此三项对策为“（一）凡由星洲与槟城所运来之东洋货，无论某办华办，均自本月 15 日起暂不与之起运。（二）如有故违与之起运东洋货者，吾等工人必以神圣之技能对待之，幸略自爱。（三）吾等工界自实行之日起，毋作五分钟之热度。须坚持决心到底”。见《神圣劳动界霹雳一声》，《益群报》，1919 年 6 月 16 日。

② 5 月上旬缝制西洋衣服工厂的工人与资方之间发生工资纠纷，引发了罢工，直到 6 月初才平息。见《古隆洋衣工人罢工之详情》，《叻报》，1919 年 5 月 12 日。

③ 《陆君秀珊之抵制某货谈》，《益群报》，1919 年 6 月 6 日。

④ 《工界创设平民半夜义学》，《益群报》，1919 年 6 月 6 日。

⑤ 《函二（吉隆游民陈培钦上）》，《益群报》，1919 年 6 月 5 日。

⑥ 《所谓热心者如是如是》，《益群报》，1919 年 6 月 11 日。

⑦ 《喂！同胞！纯粹国货布匹来了》，《益群报》，1919 年 6 月 13 日；《张志升号新到纯粹国货再志》，《益群报》，1919 年 6 月 17 日。

⑧ 《来函照登》，《益群报》，1919 年 6 月 18 日。

⑨ 《注意——大注意热心卖国货者固如是乎（天冈）》，《益群报》，1919 年 6 月 18 日。

⑩ 《来函照登（一）（吴天囚）》，《益群报》，1919 年 6 月 19 日；《来函照登（二）（弟张志升）》，《益群报》，1919 年 6 月 19 日。

⑪ 《传单照录》，《益群报》，1919 年 5 月 31 日。

“举定叶隆兴，朱嘉炳，黄合隆，叶大池，陈秀莲，周锦泉，六君为代表，往见华民政务司，照会参政司，要求拨二万包米来隆，以救目前”①。五四运动爆发前，马来亚已面临米粮短缺问题，② 身为参与英殖民统治体制和管理华人社会的华人领袖，都会优先解决粮食问题，不会积极看待五四运动。

除了商会和华人领袖，《益群报》的主要创办人之一林青山，与方肇融和洪约值登报倡办组织种植禾谷公司，呼吁华人投入种植，试图缓解吉隆坡的粮食问题。③

为了让商会可以支持五四运动，吉隆坡各界人士在6月18日《益群报》刊登了名为“雪兰莪华侨大会之先声——借商会与锡矿总局开会/不谈抵制/实为筹备国货/如果准借本月就实行/望诸同胞特别注意预备提出议案—”的文章：

本坡工商学报界各店号同人，因为近日市面国货，供不应求，特行联合署名，170余人正式函请华商总会与锡矿总局，借地开华侨大会，积极筹备国货问题，以补市场需要。此举甚为光明正大。想该会该局执事诸公必能赞许的了。④

单看文章的标题就可以知道吉隆坡各界人士强调不谈抵制日货，只谈中国货短缺问题，尝试获得商会对五四运动的支持。商会作为英殖民政府与华人社群之间沟通和协调的中间人（middleman），公开支持抵制日货和五四运动会让商会进退两难，而提倡中国货则不同。因为在马来亚，所谓中国货，事实上是由华商在本土制造与售卖的商品。当时在中国所生产的商品和在马来亚生产的商品，同样都称为中国货。⑤ 所以提倡中国货，符合市场原理和遵循当地法律，也能促进马来亚本土经济的发展，这成为日后1928年华商组织国货运动的基础。⑥

---

① 《商会会议维持米粮记（无敌）》，《益群报》，1919年5月31日。

② 《种植家对于粮食短缺之补救法（黎耀聪）》，《益群报》，1919年4月26日。

③ 《种植公司之发起》，《益群报》，1919年5月31日。

④ 《雪兰莪华侨大会之先声——借商会与锡矿总局开会/不谈抵制/实为筹备国货/如果准借本月就实行/望诸同胞特别注意预备提出议案—》，《益群报》，1919年6月18日。

⑤ 有关国货运动或中国货定义的讨论，见庄仁杰：《中国国货运动：中国和英属马来亚的比较研究，1912—1941》，新加坡国立大学中文系硕士学位论文，2009年，第74－77页。

⑥ Yen Ching-hwang, “The response of the Chinese in Singapore and Malaya to the Tsinan Incident, 1928”, *Journal of South Seas Society*, Vol. 43, 1988, pp. 1－22.

## 结论：吉隆坡华人对五四运动的反响

本文通过三个方面论述了吉隆坡华人对五四运动的反响，来探讨吉隆坡华人参与五四运动的动机，以及五四运动在马来亚华人政治运动中的定位和意义。

首先，吉隆坡的舆论因为《益群报》的诞生而得到提升，而《益群报》是因为五四运动的爆发而得到了发展。此外，以吴钝民等无政府主义者为首的《益群报》的办报作风，唤醒了华人的爱国意识，激发了部分人士对中国和本土的关注与讨论，成为吉隆坡华人参与五四运动的动机之一。同时也让英殖民政府开始加强管制华人。所以，五四运动促成了海外华人民族主义的初步形成，也让部分华人的舆论与政治意识变得踏实和理性，在马来亚华人政治运动的发展中扮演着重要的角色。

其次，五四运动加速了吉隆坡华文教育的发展。为了启迪民智，教育界积极进行露天演说，让无法阅读报纸的华人能够掌握时事，这成为吉隆坡华人参与五四运动的动机之一。此外，他们经常强调和平主义和文明举动，遵守当地法律，为当地的治安发挥了一定的作用。整体上，教育界和学生所持有的观点和出发点除了关注中国也关注本土，显得理性和冷静。但是，五四运动后，众多华文学校的师资皆来自中国，而 7 月下旬后陆续发生英殖民政府逮捕和遣送教员和学生回中国的事件。[①] 所以今后需要更深入地检讨教育界受到五四运动的具体影响，以及教育界在教学上对学生产生的影响。

最后，至于吉隆坡华商和华工对五四运动做出的反应，可以归类为“积极参与”“现实主义”和“注重本地”的三种反应，以及“配合中国的步伐”和“从本地的观点出发”的两种路线。造成以上多种反应的原因是取决于五四运动是否对华人的生活造成利害冲突，而不是民族主义。利害冲突的有无成为华人是否参与五四运动的先决条件。这也说明了只要没有发生利害冲突，华人可以在中国和本土中寻找平衡点，并付诸行动。例如，有华商支持抵制日货，同时也提倡振兴中国货和华人实业，也有华工在拒绝搬运日货的同时也大力开展教育等行动。换句话说，五四运动促进了华人民族主义的形成，同时也让华人积极投入本

① 例如尊孔学校校长宋森等 6 名华人因煽动罪被捕并被遣送回中国等事件。见《益群报吴钝民及尊孔学校宋森均为华民政务司拘去》，《叻报》，1919 年 7 月 31 日。

地经济和教育的发展中，推动了日后华人资本的形成和民族主义的兴盛。

综上所述，本文通过分析吉隆坡华人社群对五四运动的反应和其社会特性，论证了吉隆坡华人的动机是以稳定本土社会经济和教育的发展为前提来尽最大的努力救援中国。这提供了中国因素和在地因素不处于对立状态的可能性。因为五四运动的影响和吉隆坡华人的特性，中国因素和在地因素彼此相连、互动、融合，开启了马来亚华人政治运动的本土化。

## 参考文献

### 一、档案文献

［1］Federated Malay States Government Gazette, Year 1919.

［2］"Po Leung Kuk Committee, 1919"（1957/0203033）.

［3］战前日本外交档案（外务省外务史料馆所藏）。

［4］外务省编《日本外交文书》电子数据库，http：//www. mofa. go. jp/mofaj/annai/honsho/shiryo/archives/mokuji. html。

［5］国立公文书馆亚洲历史资料中心［アジア歴史资料センター（JACAR）］，https：//www. jacar. go. jp/。

［6］《叻报》（1919 年）。

［7］《益群报》（1919 年）。

### 二、学术书籍及论文

#### （一）中文

［1］陈国华：《先驱者的脚印——海外华人教育三百年 1690—1990》，Royal Kingsway Inc.，1992 年。

［2］崔贵强：《海峡殖民地华人对五四运动的反响》，《星马史论丛》，新加坡南洋学会，1977 年。

［3］黄贤强、施彦：《五四纪念在新加坡——以华文报章的报道和华社记忆为中心》，《五四的历史与历史中的五四——北京大学纪念五四运动 90 周年国际学术研讨会论文集》，2010 年。

［4］郭永虎、孟娇娇：《海外侨界参与五四运动探析——以留学生、华侨、华工为中心的考察》，《上海党史与党建》2019 年第 6 期。

［5］黄文斌：《论析吉隆坡华人社区的形成与客家人的参与（1859—

1920)》，《亚洲文化》2008 年第 32 期。

[6] 李恩涵：《东南亚华人史》，东方出版社，2015 年。

[7] 林慧婷：《暗流汹涌：马来亚社会运动发展（1900—1941)》，《史汇》2006 年第 10 期。

[8] 林水檺、骆静山：《马来西亚华人史》，马来西亚留台同学会联合总会，1984 年。

[9] 林远辉：《马来亚独立前的华侨学校》，《华侨史论文集》（第二集），暨南大学华侨研究所，1981 年。

[10] 林之光、朱化雨：《南洋华侨教育调查》，国立中山大学研究院教育研究所，1936 年。

[11] 刘芳彬：《海外华侨华人的爱国活动与五四运动》，《山西社会主义学院学报》2013 年第 4 期。

[12] 吴佩珊：《英殖民政府对吉隆坡华人事务管理——从自治至法治的转变（1868—1914)》，台湾“中央”大学历史研究所硕士学位论文，2012 年。

[13] 许源泉：《永春地方掌故・吴钝民一生坎坷》，（台北）《永春文献》1973 年第 8 期。

[14] 徐艰奋：《〈益群报〉研究（1919—1936)》，新加坡国立大学中文系硕士学位论文，1998 年。

[15] 徐艰奋：《铁笔春秋：马来亚〈益群报〉风云录》，新社，2003 年。

[16] 叶钟铃：《吴钝民与吉隆坡〈益群报〉》，《新马华族文史论丛》，1999 年。

[17] 张晓威：《甲必丹叶观盛时代的吉隆坡客家帮权政治发展（1889—1902)》，《全球客家研究》2017 年第 9 期。

[18] 郑良树：《马来西亚华文教育发展史》（第一分册），马来西亚华校教师会总会，1998 年。

[19] 杨进发：《吴钝民政论集》，新加坡亚洲研究学会，1995 年。

[20] 庄仁杰：《中国国货运动：中国和英属马来亚的比较研究，1912—1941》，新加坡国立大学中文系硕士学位论文，2009 年。

（二）英文

[21] Benedict R. O'Gorman Anderson, *Imagined Communities: Reflections on the*

*Origin and Spread of Nationalism*, Verso, 1983.

[22] C. F. Yong, *The Origins of Malayan Communism*, South Seas Society, 1997.

[23] C. F. Yong and R. B. McKenna, *The Kuomintang Movement in British Malaya* 1912 – 1949, Singapore University Press, 1990.

[24] David L. Kenley, *New Culture in a New World: The May Fourth Movement and the Chinese Diaspora in Singapore, 1919 – 1932*, Routledge, 2003.

[25] Ernest Gellner, *Nations and Nationalism*, Basil Blackwell, 1983.

[26] John Henry Matthew Robson, *Records and Recollections* (1889 – 1934), Kyle, Palmer & Co. , 1934.

[27] Wang Gungwu, "The Limits of Nanyang Chinese Nationalism, 1912 – 1937". In C. D. Cowan and O. W. Wolters (eds.), *Southeast Asian History and Historiography: Essays Presented to D. G. E. Hall*, Cornell University Press, 1976.

[28] Yoji Akashi, "The Nanyang Chinese Anti-Japanese and Boycott Movement, 1908 – 1928: A Study of Nanyang Chinese Nationalism", *Journal of the South Sea Society*, Vol. 23, 1969.

[29] Yen Ching-hwang, "The response of the Chinese in Singapore and Malaya to the Tsinan Incident, 1928", *Journal of South Seas Society*, Vol. 43, 1988.

（三）日文

[30] 清水洋・平川均:『からゆきさんと経済进出—世界経済のなかのシンガポール - 日本関系史』、コモンズ、1998 年、第 84 – 86 页。

[31] 菅野正:「五四运动と南洋华侨」、『奈良大学纪要』第 10 期、1981 年、第 71 – 83 页。

[32] 原不二夫:「华侨の民族主义と中国・日本——マラヤ・シンガポールを中心に——」、『东アジア近现代通史』6、岩波书店、2011 年、第 73 – 100 页。

[33] 南洋及び日本人社:『南洋の五十年: シンガポールを中心に同胞活跃』、章华社、1938 年、第 226、235 页。

[34] 黄颖康:『排日运动の展开に见る近代マラヤ华人社会の变化——日货排斥运动を中心に——』、创価大学大学院文学研究科人文学専攻修士学位论文、2017 年。

# Political Movement of Chinese Community in Kuala Lumpur during the British Colonial Period: Case Study of Responses to the May Fourth Movement

Ng Weng Hong

**Abstract**: Kuala Lumpur, being the capital of the Federated Malay States during the British colonial period, was not as important political, economic and cultural center for overseas Chinese as Singapore. However, with the outbreak of the May Fourth Movement as well as the publicity and support from *Yik Khuan Poh*, Kuala Lumpur gradually emerged to play an active role in the Chinese political movement in Malaya. As a case study, this article aims to explore the reaction of the Chinese community in Kuala Lumpur during the British colonial period on the May Fourth Movement, and to reexamine the nature and diversity of overseas Chinese nationalism. This article discusses the motivation of the Chinese in Kuala Lumpur to participate in the May Fourth Movement from three aspects, as well as the positioning and significance of the May Fourth Movement in the Chinese political movement in Malaya based on documentary records such as *Yik Khuan Poh*. The motivation of Chinese in Kuala Lumpur is to rescue the motherland in their best efforts, mainly based on the premise that the development of local socio-economic and education is stabilized. The interconnection, interaction, and integration of both Chinese as well as local factors have started the localization of the Chinese political movement in Malaya.

**Key Words**: Kuala Lumpur, Chinese, May Fourth Movement, *Yik Khuan Poh*, Localism

# 跨越“双重距离”：海外华人移民老人的社会融入困境及其突破*

罗亚泓**

**【摘　要】**海外华人移民老人的社会融入困境愈益成为当前各界关注的一个重要现实问题。本文以英国牛津华人社区为观察个案，从族群特征、社会资本和公共政策的归因性视角解析了华人移民老人与当地社会和华人社会之间存在的“双重距离”。长期以来，华人中心和华人教会两大平台作为华人移民老人实现社会适应与融入的重要依托，发挥了积极作用，未来还会有华助中心、华人社团等更多角色逐渐介入。华人移民老人的社会适应与融入进程在不断调整，但其发展仍然需要华人群体自身、住在国政府与社会，以及祖籍国在社会支持、经费保障、平台建设、人力资源、制度安排等方面给予更多关注。

**【关键词】**海外华人移民老人；社会融入；困境；适应

---

* 基金项目：本文系国家社科基金一般项目“欧洲排外主义回潮对华侨华人的影响及其应对研究”（17BMZ092）阶段性成果。

** 作者简介：罗亚泓，江西南昌人，暨南大学国际关系学院/华侨华人研究院2019级博士生，广东外语外贸大学图书馆研究员，主要从事国际移民与华侨华人研究（Email：robin310@163.com）。

## 一、华人移民“边缘群体”的社会融入困境与研究意义

21世纪以来，随着全球化与跨国移民的快速发展，国家与民族认同的整合困境也愈益凸显。西方长期以来实施的多元文化主义政策成效受到质疑，移民的社会融入问题再度成为一个关注的热点。社会融入是指个体或群体进入新的社会群体，不断进行自我调整、改变和重新定义，充分参与到政治、经济和文化生活中，并希望被新群体接纳，以获得同等社会服务和资源的过程。① 已有相关研究关注的领域主要涉及经济、政治和社会/文化性融入，对移民社会融入存在的问题多从个人资本、社会资本、公共政策等归因性视野探究解释，② 研究对象则主要是移民当中比较活跃、实力较强、显示度较高的群体，而对相比而言处于“边缘地位”的（华人）移民老人的社会融入问题关注度则明显不足。

当代中国大规模对外移民是在20世纪80年代改革开放之后，但50—70年代的港澳台移民及东南亚华人再移民数量也相当可观。这些早期出去的年轻人现已相继步入老年，加上近年来以家庭团聚、投资等方式出去的老人移民也大幅增加，移民老龄化程度不断加大，③ 其社会融入过程中暴露的问题也逐渐引起各界关注。80年代的英国内政部报告曾经指出，中国移民在英国生活存在五大融入障碍：英语交流能力差，文化层次差异大，权利意识薄弱，居住地比较分散，工作时间不正常。④ 之后的琼斯（Jones，A.）、王凯宇（Wai Kamyu）、鲁比（Ruby Chau）等学者通过实地调研发现，多数华人移民老人在退休后，不仅与主流社会的经济联系中断，而且与以家庭关系为主的华人社会也日渐疏远。⑤ 究其根源，主要是许多华人移民老人由于语言障碍、文化隔阂、权利理解缺失、对社会服务

① C. Taylor, *The politics of recognition*, A. Gutman (ed.), *Multiculturalism: Examining the Politics of recognition*, Princeton University Press, 1994, pp. 25 - 75; W. Searle and C. Ward, "The prediction of psychological and sociocultural adjustment during cross-cultural transitions", *International Journal of Intercultural Relations*, Vol. 14, No. 4, 1990, pp. 449 - 464.

② 梁波：《国外移民社会融入研究综述》，《甘肃行政学院学报》2010年第2期，第20-23页。

③ Paul White, "Migrant Populations Approaching Old Age: Prospects in Europe", *Journal of Ethnic and Migration Studies*, Vol. 32, No. 8, 2006, pp. 1283 - 1300.

④ Home Affairs Committee, *Chinese community in Britain*, Second Report from the Home Affairs Committee, HMSO, Vol. 1, 1984 - 1985.

⑤ Wai Kamyu, *Chinese Older People: A Need for Social Inclusion in Two Communities*, The Policy Press and the Joseph Rowntree Foundation 2000, https://www.jrf.org.uk/report/meeting-needs-chinese-older-people (May 14, 2018).

期望值低等而无法获得与其他成员一样的社会服务和资源。[①] 同时，家庭支持的减少和代际文化差异等因素也使得很多老人面临着多重文化适应问题。[②]

近年来，随着世情、国情、侨情的发展，海外华侨华人社会结构也发生了深刻变化。国家侨务战略在发挥华侨华人独特作用的同时，愈益重视侨务资源涵养，关注华人社区弱势群体，协助侨胞融入当地社会，引导构建和谐侨社。[③] 因此，海外华人社区中的移民老人群体的社会融入问题是一个亟须各界重新关注的重要课题。

## 二、个案选择与研究设计

### （一）个案选择

英国华人移民历史较久，并且自 20 世纪 50 年代至今的移民进程保持连续，来自马来西亚、新加坡、越南以及中国大陆、香港、台湾等地的华人移民一直没有中断。因此，选取英国华人社会研究移民老人问题具有一定的典型意义。牛津作为英国知名的移民城市之一，移民人数比例达到 28%。[④] 据 2011 年英国人口普查报告显示，牛津市华侨华人总数 3 559 人，其中非英国出生的华人新移民为 2 532 人，[⑤] 60 岁以上华人移民老人约 400 人。其结构包括 50—70 年代来自中国港澳台地区以及东南亚国家的移民、80—90 年代来自中国大陆的移民、香港回归期间的赴英家庭移民，以及近年来从中国大陆来的老移民。他们主要聚居在牛津的海丁顿（Headington）、萨默敦（Summertown）和马斯顿（Maston）等地区。当然，由于华人移民结构的多样性以及客观条件受限，调研难以无限深入，对不同华人移民老人群体的特征概括难以分别细化。因此，相关结论也只是一个广义上的分析结果，并不一定适合所有华人移民老人。

---

① W. S. Chiu, *The Family Care of Chinese Older People: A Study of the Chinese Communities in London and Hong Kong*, PhD Thesis, University of Sheffield, 1991, pp. 36 – 45; A. Jones, *The Invisible Minority: The Housing Needs of Chinese Older People in England*, University of Birmingham, 1998, p. 16.

② 李秀娟：《文化适应压力影响华裔老人精神健康》，《中国人口报》，2003 年 10 月 30 日第 4 版。

③ 高红超：《为侨服务行动年　全面落实八项惠侨计划》，2015 年 3 月 12 日，中国政府网，http://www.gov.cn/xinwen/2015-03/12/content_2833005.htm，2019 年 3 月 20 日

④ International – Migration, https://www.oxford.gov.uk/info/20131/population/464/international_migration (May 4, 2019).

⑤ Change in Usual Residents by Ethnic Group in Oxford, 2001 – 2011, https://www.oxford.gov.uk/info/20131/population/459/oxfords_population (June 14, 2018).

### （二）调研设计

关于移民融入的类型化模式，西方理论中主要有米尔顿·戈登（Milton M. Gordon）的“二维”模式、杨格－塔斯（Junger-Tas）的“三维”模式和恩泽格尔（Entzinger Han）的“四维”模式。其中，戈登的“二维”模式认为移民的融入有结构性与文化性的两个维度；而杨格－塔斯则在戈登基础上做了进一步推进，认为移民的社会融入是一个多维度的概念，具体可以划分为结构性融入、社会—文化性融入以及政治—合法性融入；恩泽格尔等人则对上述模式进一步具体化，认为移民在流入地社会要面临四个维度上的融入，即社会经济融入、政治融入、文化融入、主体社会对移民的接纳或拒斥等。[①] 这些模式先后从经济、政治、文化、社会等方面阐述了移民融入的主要内容和测量指标，其中经济融入包括收入水平、职业地位、就业市场、劳动福利等；政治融入包括公民身份、选举权利、政治参与、社会参与等；文化融入包括语言掌握、规范习得、婚姻关系、观念认同；社会融入包括社区交往、亲朋关系、组织参与、支持体系等。[②] 这些内容构成了学界考察移民融入问题的基本分析框架，同样也为具体的华人移民融入研究提供了可操作性指导。

调研旨在结合社会融入理论，了解华人移民老人存在哪些融入障碍及原因，如何适应突破，进而得出相关结论。内容设计结构上分为经济、社会、政治、文化等方面，具体涵盖经济来源、以往职业、教育程度、语言使用、日常交往、子女关怀、社会参与、社区服务、身份认同、政治参与、心理健康等方面内容。调研方法上，一是半结构访谈法（Semi-structured Interviews），考虑到老人身体、心理的具体特点，针对相关问题拟定粗线条访谈提纲，交流过程中灵活处理，尽量不给老人们带来压力，以利于他们分享更多观点感受；二是参与观察法和个案访谈法，原因是老人们居住分散，难以获得问卷抽样调查的有效总量。不过多数老人会经常参加华人中心或华人教会活动，基本上相互认识了解，比较适合采取以上方法，同时辅以问卷抽查。

笔者于 2015 年 7 月至 9 月和 2018 年 10 月至 12 月先后在英国牛津大学和考文垂大学访学，其间曾经以牛津华人中心、牛津华人教会为主要观察点，共参与

---

① 梁波：《国外移民社会融入研究综述》，《甘肃行政学院学报》2010 年第 2 期，第 20－23 页。

② 周皓：《流动人口社会融合的测量及理论思考》，《人口研究》2012 年第 3 期，第 28－32 页。

各类活动20余次，包括与老人们一起在中心用餐、锻炼，参加华人节日庆祝、华人教会团契等活动，其间一共与19人进行了深入交流，其中5人来自香港，4人来自广东，陕西、福建、天津、辽宁各1人，新加坡1人，华人中心和教会兼职工作人员5人（香港、福建各2人，北京1人）。此外，辅助问卷调查65份，主要由笔者与老人一起活动时采取面对面问答完成。

## 三、族群特征、社会资本、公共政策：华人移民老人社会融入存在“双重距离”

王春光教授曾经以法国巴黎温州移民为例，认为海外华人的社会融合有“三重社会空间”，即与中国的关系空间、巴黎温州人内部空间、与法国社会的关系空间，但并不是所有人都存在于三重社会空间中，只有处于最高处的人才能跨越三种空间；中层的只在两重社会空间行动；底层的基本上生活在一重社会空间。① 本文关注重点主要是华人移民老人的海外社会空间，即与当地主流社会和华人社会交往的两重关系空间。②

### （一）“一重距离”：华人移民老人与当地主流社会的隔阂

首先，华人移民老人文化程度普遍较低，英语语言能力较差，缺乏劳动技能，难以真正进入社会主流。20世纪50年代的赴英华人移民多为香港新界农民，文化素质低，英语能力较差。③ 人力资本归因理论认为移民所具有的语言技能、劳动技能、教育水平、工作经验等人力资本特征对于移民融入有重要影响。西方国家劳动力市场、产业结构的变迁，提高了人力资本要求，而移民群体缺乏这种与之相适应的能力素质，故而被排斥在劳动力市场和产业体系之外。④受访老人的受教育程度普遍不高，大学及以上仅有8人（12%）、高中7人（11%），初

① 密素敏：《“巴黎温州人社会融合的再考察”学术讲座综述》，《华侨华人历史研究》2014年第1期，第76－77页。

② Wai Kam yu, *Chinese Older People: A Need for Social Inclusion in Two Communities*”, The Policy Press and the Joseph Rowntree Foundation, 2000, https://www.jrf.org.uk/report/meeting-needs-chinese-older-people (May 6, 2017).

③ 据统计，那些来英居住超过30年的老华人移民英语熟练度只有62%，远低于近年来（2007—2011年）新华人移民的89%。引自：Jon Simmons, *What do We Know about the Reasons for Migration and the Social and Economic Characteristics of Migrants in the UK?* Head of Migration and Border Analysis Home Office Science, COMPAS Breakfast Briefing, March 13, 2015.

④ Josine Junger-Tas, “Ethnic Minorities, Social Integration and Crime”, *European Journal on Criminal Policy and Research*, Vol.9, No.1, 2001, pp.5－29.

中及以下 50 人（77%）；他们的英语水平也较低，完全或几乎不懂英语 12 人（19%）、不熟练 30 人（46%）、比较熟练 15 人（23%）、非常熟练 8 人（12%）；受访者以英语为主要交流语言的人较少，仅为 7 人（11%），说普通话为主的有 12 人（19%），讲广东话为主的则达到 36 人（55%），讲其他中国方言的则为 10 人（15%）。从老人们退休前的职业结构特征看，从事餐饮外卖 42 人（64.6%）、超市杂货店 6 人（9.2%）、保洁 2 人（3.1%）、家庭主妇 2 人（3.1%）、理发 1 人（1.5%）、中医按摩 3 人（4.6%）、洗衣坊 3 人（4.6%），教育 4 人（6.2%）、政府人员 2 人（3.1%）。他们多数从事低技术行业，很少与当地社会打交道，加上当时居留英国没有语言要求，因此多数都不用心学英语。“我 20 多年前偷渡来英国，一直在中餐馆工作，年轻时打两份工，每天工作 17 小时，根本没有时间学习。”[①]

其次，族群文化差异和语言障碍等因素，束缚了老人们与当地族群互动，难以相互接纳。移民的融入是移民群体对于流入地社会的融入和流入地社会群体的再融入二者相互调适的过程。[②] 20 世纪 80 年代后，英国社会开始逐渐接受移民，但移民原有的观念与意识形态等也会影响其社会融入。他们常常不适应住在国社会的生活方式，不理解当地文化传统，在个人认知与观念认同上，固守着原有的文化观念、行为方式，限制了自我社会融入，表现出被隔离、被排斥的状态。[③] 一是老人对当地社区活动的参与度不高。事实上当地社区很多活动如老年人舞蹈、运动、唱歌、营养、健康讲座等对华人老人有帮助，但华人居住比较分散，各自属于不同社区，加上语言障碍和文化差异，很少有人参加。“其实有时也想参加，但去了没法交流很尴尬，如果有认识的结伴一起去，可能会多参加些活动。”[④] 二是老人与外国邻居或朋友交往不多，互动较少，难以深入融合。交往较多的人一般是文化层次较高、英语较好，或配偶是当地人的老人。“我十多岁就跟家人来英国读书，大学毕业后一直在政府做公务员。平时与英国同事和邻居

---

① 通过访谈 F 女士整理所得。

② Han Entzinger and Renske Biezeveld, *Benchmarking in Immigrant Integration*, October, 2011, https://www.researchgate.net/publication/251998179_Benchmarking_in_Immigrant_Integration (May 6, 2018).

③ 梁波：《国外移民社会融入研究综述》，《甘肃行政学院学报》2010 年第 2 期，第 20－23 页。

④ 通过访谈 Z 女士整理所得。

相处很好，经常有交流来往，一起活动。”① 但也有组合家庭的老人指出，“尽管与英国人结婚十多年，也经常与英国人打交道，但我始终觉得我是中国人，跟他们有文化隔阂，融不进去。老外每次聚会结束时，端着酒杯说再见，但就是半天都断不了。如果以后老公不在了，可能还是回中国”②。另外，部分老人身体健康问题、行动不方便、生活习惯不适应、心理自卑等可能也是重要原因。

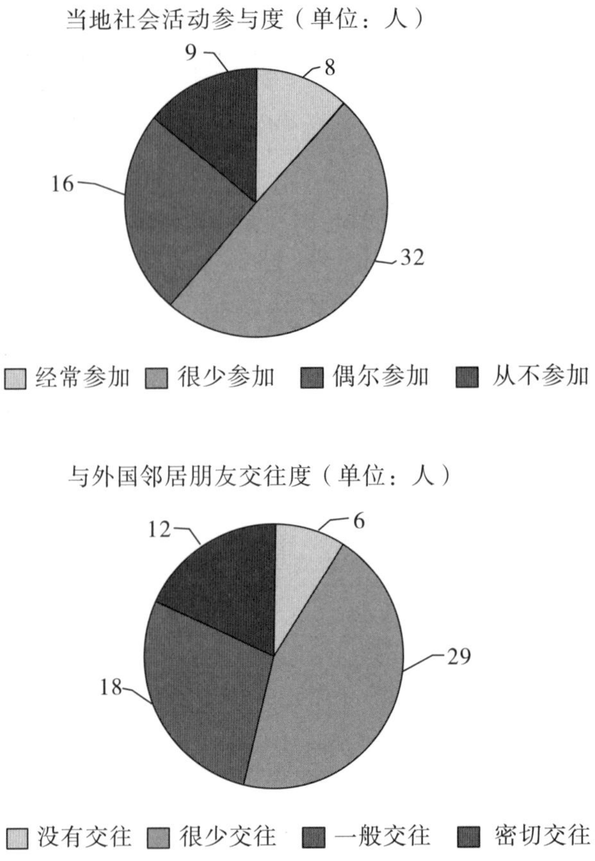


**图1　受访老人与当地社会互动情况**

① 通过访谈 W 先生整理所得。

② 通过访谈 C 女士整理所得。

再次，族群利益竞争与制度设计没有兼顾华人移民特点，整合融入的政策目标难以实现。80年代后的英国多元文化主义政策逐渐重视移民权益保护，但即使如此，一般性制度仍然可能通过制度安排等方式阻碍移民或少数族群的平等权利实现。① 华人能否真正使用公共及社会服务解决融入问题取决于是否有足够的文化特色服务满足其需求，以及华人是否理解这些权利，并且可以跨越相关障碍（语言及对某些专业术语的了解）使用这些服务。相关研究结果对此持质疑态度：约97%的老人由于语言障碍存在使用社会服务的困难，有时即使有翻译也难以理解相关专业术语。② 同时，华人社会的松散性也影响了老人们有效接受服务。社会服务的提供与管理是以地域和社会结构来划分的，虽然地方政府也会考虑少数族裔的需求，但华人在所有社区当中都不是人数最多的少数族裔，因而他们的需求常常未能引起重视。③ 此外，英国华人的政治参与度一直很低。经济生存的需求削弱了华人社会的凝聚力，华人群体很难有足够的基础组建一个稳定的利益团体去捍卫他们作为一个社会服务使用者的权益。

### （二）“二重距离”：华人移民老人与华人社会的疏远

首先，角色变化、代际差异、经济独立等因素使得老人与家庭其他成员间关系若即若离。一般而言，中餐馆或外卖店员工以亲朋好友或家人为主，餐馆既是工作（居住）地点，也是亲友家人间相互关心与支持的重要场所。除中国城外，华人为避免行业竞争，居住分散。老人与华人社会的接触实际上主要就是与家人的交流，与华人社会的接触事实上就是对自己家庭的依赖。家庭不仅提供生活照料支持，而且是老人找到生活角色和目标的重要场所。然而，这一重要纽带却可能会随着老人退休而迅速改变。多数老人在家庭支持方面难有太高的期望值。“我今年70岁，在英国从事外卖行业30余年，后将外卖店转给儿子和媳妇经营。虽然儿子定期给我生活费，但他们不太关心我。孙子会讲广东话，但我们之间很少讲话。我觉得自己被主流社会排斥可以理解，因为对英国人而言，我是外国

---

① Rinus Penninx, Integration of Migrants: Economic, Social, Cultural and Political Dimensions, January, 2004, https://www.researchgate.net/publication/254920820_Integration_of_migrants_Economic_social_cultural_and_political_dimensions (May 6, 2018).

② Wai Kamyu, *Chinese Older People: A Need for Social Inclusion in Two Communities*, The Policy Press and the Joseph Rowntree Foundation, 2000, https://www.jrf.org.uk/report/meeting-needs-chinese-older-people (May 6, 2017).

③ Y. M. Chan and C. Chan, "The Chinese in Britain", *New Community*, Vol. 23, No. 1, 1997, pp. 123-131.

人，但被自己孩子排斥我觉得不正常，实在难以接受。"① 此外，英国社会福利比较完善，老人一般都有养老金，并且医疗和护理体系健全，子女在赡养和照料父母方面没什么压力，双方相互依赖性降低。"我们平时不与孩子们住在一起，他们工作很忙，偶尔通通电话，只有逢年过节聚一下，我们也知道，住在一起不方便，毕竟他们年轻人生活习惯和我们不一样。"②

其次，华人工作与居住地的分散致使老人们退休后与华人群体的关系网络日趋减弱。社会网络机制对移民融入很有帮助，它可以通过强化群体内规范，谋求移民群体福利的最大化。③ 但在华人移民老人中这一重要资本效应难以显现。一是因为中餐行业的发展特点不是都像伦敦、曼彻斯特等地中国城的集中发展模式，更多是遍地开花的外卖模式，餐馆之间为了保证客源，必须保持一定距离，这也是为什么华人社区不是一个稳固的区域群体，华人缺乏共同的地域归属感的重要原因（中国城除外）。④ 二是华人之间不仅存在地理距离，而且存在社会距离。⑤ 即使生活在同一社区，因为同行竞争，也影响相互关系。他们可能会互相隐藏个人或商业信息，阻止新来者参与竞争。因此，许多华人老人退休前在工作时与亲友同事在一起，联系较多，但退休后逐渐减少，偶尔可能会聚在一起开展庆祝春节等活动，但已不属于他们日常生活的一部分。而那些新来的移民老人，与国内的人际网络、社会资本等大多淡化，新的社会网络尚未建立，加上语言、生活习惯等方面的差异，会出现"被边缘化"现象。"原来大家在一起工作的时候来往比较多，现在退休了各顾各的，加上住得比较分散，所以联系很少了，跟中国原先的朋友同事联系就更少了。"⑥

最后，华人社会力量分化，社团组织的"碎片化"发展制约了华人老人的融入空间。很多华人认为他们相同的文化传统、生活习惯和族群语言建构了海外华人社区。但事实上，这一社区"黏聚力"非常脆弱，其背后隐藏的各方利益

---

① 通过访谈 Z 先生整理所得。

② 通过访谈 H 先生整理所得。

③ V. Nee and J. Sanders, "Trust in Ethnic Ties: Social Capital and Immigrants". In K. Cook (ed.), *Trust Society*, Russell Sage Foundation, 2001, pp. 364 – 392.

④ David Owen, *Chinese People and Other Ethnic Minorities in Great Britain: Social and Economic Circumstances*, University of Warwick, 1994, pp. 26 – 38.

⑤ M. Taylor, *Chinese Pupils in Britain: A Review of Research of Education of Pupils of* Chinese Origin, Nfer – Nelson, 1987, pp. 48 – 53.

⑥ 通过访谈 L 女士、W 先生、H 先生等多位老人整理所得。

较量往往腐蚀着华人社区的团结。因为华人社区的维系不仅取决于文化因素，很多时候还受到经济利益、政策导向、族群关系等因素的影响。海外华人社会组织基于地缘、血缘、业缘、学缘等纽带建构，其宗旨多为互助、融入。但随着老一辈侨领的退出，新一代侨领更多关注事业的发展，较少顾及族群的社会融入问题。尤其是在像牛津那样的地方，连真正意义上的华人社团都没有，因为其制度、资金、活动等都受到当地社区和政府的制约。因此，很少有人从社区整体的层面上关注华人老人，考虑他们的融入问题。在伦敦，很多老人也会定期去中国城重拾过去的记忆和奋斗情感。但由于中国城缺乏足够的适合老人活动的设施，他们只能在麦当劳或赌场待上一会儿就离开。调查发现，多数老人的日常生活空间事实上很小。外出情况：出门很少，主要在家看电视 14 人；出门不多，偶尔去下集市、超市 22 人；出门较多，一般去集市、华人中心、华人教会 23 人；出门很多，参加当地社会和华人社会活动 6 人；参与华人社团或华人聚会活动情况：很少参加 15 人，偶尔参加 21 人，经常参加 17 人，积极参加 12 人。“在英国生活比较单调，活动很少，没事做很无聊，尤其是冬天，天黑得很早，晚上不知干吗；我们不懂英语，相当于半个聋哑人，很少参与当地社区活动；在英国，我们是‘三等’公民：等吃、等睡、等死；刚来英国的时候很不适应，哪也不敢走，感觉是被软禁了。”①

综上，从移民融入的经济、社会、政治、文化等维度上观察发现，尽管有制度安排，但多数华人移民老人由于自身素质不高、语言沟通能力有限以及文化习惯差异等，依旧受斥于主流社会之外。同时，老人们之前工作生活积累的与华人社会的关系网络也可能由于退休身份的转变或居住地更改而逐渐丧失。此外，由于社会环境的改变以及老人年龄的增长，其适应能力、抵抗能力、记忆力等能力下降对生活环境和条件提出了更高的要求。这些因素都使得他们很容易滑入既排斥于主流社区，又游离于华人社区的“边缘群体”。

## 四、平台建构与进程演变：华人移民老人走出融入困境的依靠与调适

移民公民权包括政治或立法意义上的公民权、社会经济维度的公民权和文化与宗教信仰的权利这三个维度。它不仅是政府移民融入政策需要达到的目标，还

① 通过访谈 L 女士、Z 先生、L 先生等多位老人整理所得。

是检验移民融入政策是否有效的标尺。[①] 至80年代，多元文化主义在英国公共政策中逐渐占据主导性话语权。移民开始被视为永久性居留的群体，并允许他们保存原有的民族特征，构建自己的文化社区。[②] 在这一宏观大环境下，牛津华人社会融入当地社会的最重要举措就是先后成立了牛津华人教会和牛津郡华人社区及咨询中心（简称“牛津华人中心”）。一直到现在，它们在推动华人移民老人社会融入过程中仍然发挥着重要作用。

### （一）华人教会和华人中心：时代发展与族群需求的社会融入平台

宗教信仰是文化融入的重要表现。英国社会基督教氛围浓厚，吸引着部分华人参加教会活动。其中华人老人的参与主要在两个地方，一个是位于海丁顿的牛津华人基督教会，另一个是位于马斯顿的牛津华人留学生基督教会，它们都提供粤语和普通话服务。牛津华人基督教会始于20世纪70年代，早期华人大多数来自广东、香港及南方沿海地区，所以当时只有粤语部。改革开放后，来自内地的一些学生和学者逐渐进入牛津，华人基督教会的普通话部随之成立。[③] 目前有教徒120至150人左右，有餐饮业者、学生、教师、职员、医生、保姆等行业人员，祖籍地涵盖中国多个省份。牛津华人留学生基督教会成立于2010年左右，事实上是牛津华人中心在运作，一般有50～60人参加活动。两个华人教会机构组织管理有序，基本上每周都有团契活动，经常邀请英国、美国、加拿大及中国香港等地的华人牧师过来交流，包括祷告、唱诗、讲经、分享、奉献等内容，教会每月最后一周还有自助餐提供，很多家庭一家老小全部参加。对老人们而言，教会既是宗教场所，更是社交平台。大家以兄弟姐妹相称，畅谈心声，交流情感，互相关怀，团结协助，很多老人在那里找到了精神寄托。“我们平时太寂寞了，来教会的目的主要是打发时光解解闷，与新老朋友们交流一下思想感情。”[④] 此外，教会的“夕阳红”关爱小组，对老弱病残者还有生活、资讯、心理、医

① Rinus Penninx, “Integration of Migrants: Economic, Social, Cultural and Political Dimensions”, January, 2004, https://www.researchgate.net/publication/254920820_Integration_of_migrants_Economic_social_cultural_and_political_dimensions (May 6, 2018).

② P. H. Cheong, R. Edwards, H. Goulbourne, et al., “Immigration, Social Cohesion and Social Capital: A Critical Review”, *Critical Social Policy*, Vol. 27, No. 1, 2007, p. 24.

③ 徐黎丽、冯霞：《牛津华人基督教会及基督教徒的特点》，《兰州大学学报（社会科学版）》2007年第6期，第91－92页。

④ 通过访谈L女士和Z女士整理所得。

疗等方面的帮扶，这对于存在双重社会距离的老人而言具有独特意义。[①] “信不信是次要，关键是教会可以为大家提供一个交流互助的平台，教友之间有什么困难可以相互支持，有些老人如果没有亲人，死后教会帮忙安置。”[②]

牛津华人中心于 1993 年成立，其宗旨是通过为郡内的华人社区提供独立、优质的咨询和服务，使华人得到平等使用公共资源的机会，改善生活质量，融入社会，减少隔阂。[③] 长期以来，牛津华人中心在推动华人移民老人社会融入的举措主要包括：①政策咨询与援助；②日间中心老人锻炼、医疗心理健康讲座、文化娱乐及社区活动；③生活及就业技能教育培训，包括计算机知识等；④语言传译及翻译服务；⑤对社会隔离者、老人及精神健康障碍者进行家访；等等。近年来海外华人参政踊跃，华人中心还鼓励、协助老人们积极投票，发出群体声音，维护自身权益。此外，牛津华人中心在传统民族节日春节期间，还会在牛津市政大厅举办文艺表演，邀请当地政府要员等各界人士参加，了解华人老人现状。总之，对华人移民老人而言，华人中心不仅提供各种社区服务，而且还以其自身为核心平台推动了华人移民社会融入的网络建构。其提供的政策咨询等社会支持服务一度是这些不懂英语的华人移民老人的“生命线”。[④]

此外，在推动老人社会融入方面，牛津华人中心和华人教会两个机构最重要的作用是它们为华人族群争取到了许多个体难以获得的资源，包括政府拨款、基金援助、社会支持、个人捐赠等，这些经费支持为各项社会融入活动的有效开展提供了根本保障。

---

① 笔者通过牛津华人中心微信群观察到一个重要案例。Abu 女士，95 岁，不懂英语，女儿在意大利居住。平时她住老人院，每次都坐轮椅来华人中心吃饭，2017 年上半年因病入院，中心和教会协调组织人员轮流照顾探望，送去各种可口饭菜，直至一个月后康复出院。这充分体现了华人组织在老人社会支持方面的特殊作用。

② 通过访谈 L 女士整理所得。

③ 《牛津郡华人社区及咨询中心介绍》（2016 年 12 月 20 日），http://www.occac.org.uk/mental%20health%20support.html，2018 年 4 月 16 日。

④ 《牛津华社中心经费遭削或关门　紧缩之刀砍华社软肋》（2014 年 3 月 8 日），中国网，http://www.chinanews.com/hr/2014/03-08/5927219_2.shtml，2019 年 2 月 12 日。

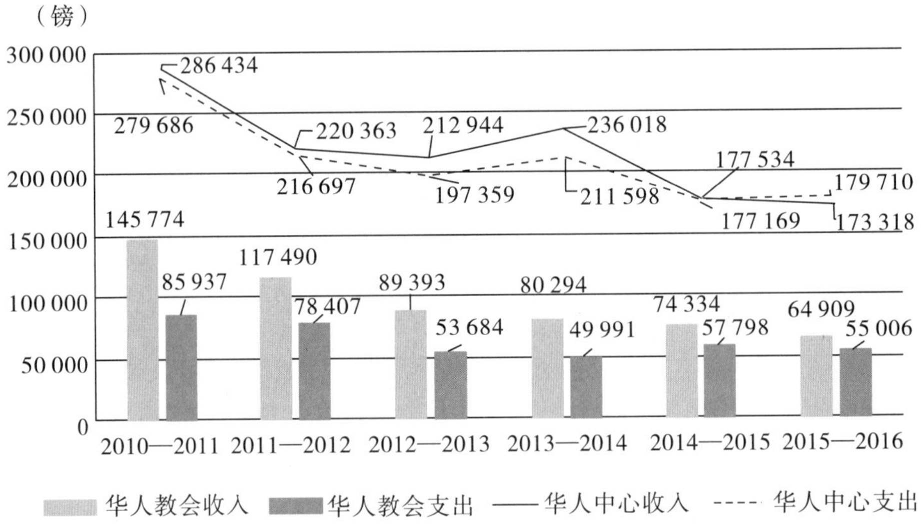


**图 2　牛津华人中心和华人教会近年收支情况**

数据来源：根据英国慈善委员会网站牛津华人中心和牛津华人教会相关报告整理所得。参见：http：//apps. charitycommission. gov. uk/Showcharity/RegisterOfCharities/CharityWithoutPartB. aspx？RegisteredCharityNumber = 1006710&SubsidiaryNumber = 0；http：//apps. charitycommission. gov. uk/Showcharity/RegisterOfCharities/CharityWithoutPartB. aspx？RegisteredCharityNumber = 291514&SubsidiaryNumber = 0，2019 年 6 月 12 日。

总之，牛津华人中心和华人教会作为牛津华人社会重要的融入平台，构建了华人移民老人社会适应与融入的独特模式（见图 3）。它在提升移民人力资本（语言和计算机培训、生活技能、健康教育等），扩大社会资本（增进华人内部交流互助，加强与当地社会和外部华人的联系），维护制度权益（了解政策法规、争取华人少数族裔合法权益，推动华人参政）等方面作出了积极贡献，在华人移民老人心目中更是具有不可替代的重要作用。

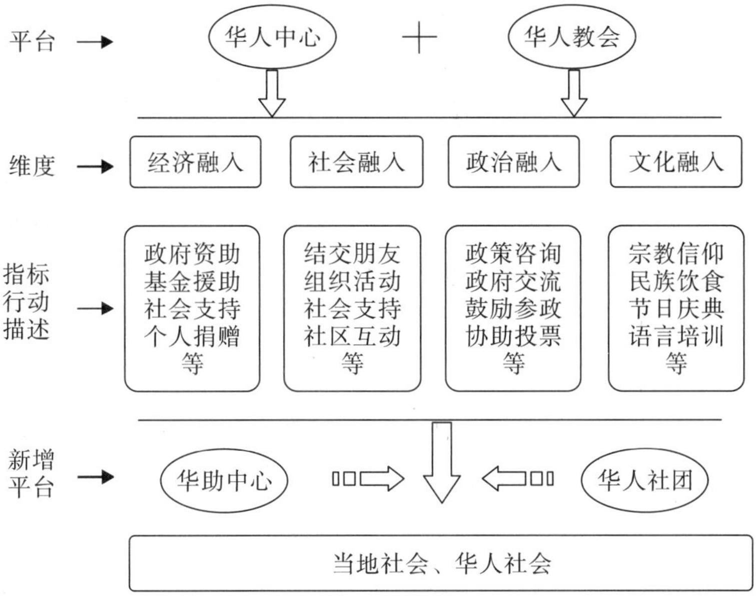


**图3　牛津华人社区移民老人社会适应模式图**

## （二）从单一到多元：华人移民老人社会的变化与平台服务的调整

自20世纪90年代以来，随着中国的改革开放与中英关系的发展，牛津华人老人社会开始发生深刻变化，而华人教会和华人中心两大社会融入平台也不断变革调整。一是老人结构日益复杂，平台空间不断增大。早期以香港和东南亚地区华人劳工移民为主，但目前内地移民老人不少是投资移民、退休干部、大学教师等，有一定文化素养。人数的急剧增长为平台发展带来了更多的社会网络，增强了中心的社会资本和融入功能，但也给管理服务带来压力。二是老人需求日趋多元，服务项目不断调整。首先是语言服务从粤语一种到现在粤语、普通话、英语皆有；其次是文化活动之前以广东特色为主，现在增加了不少其他地域文化活动；最后是中心和教会用餐虽还是以粤菜为主，但不时增加麻婆豆腐、饺子等其他菜式。三是高龄老人逐渐增加，服务方式不断改进。华人中心早期以集中服务为主，但随着部分老人年龄增大、行动不便，目前采取集中与分散相结合的方式开展，尽可能扩大辐射面。四是管理难度显著加大，人力资源不断扩充。教会和中心成立初期都以香港籍管理人员为主，现在其他省份籍贯的人员也有参与，义工更是吸纳了很多各地的高素质移民。两个机构还都建立了微信群，以便于更好地与老人及其家属沟通交流。

值得期待的是，牛津华人移民老人的社会融入还将获得更多支持“补给”。一是英国政府将增加对老人的家庭护理支持，华人老人将得到更好照顾。2017年度牛津郡提供的家庭护理时间从2016年3月的19 732小时/周增加到2017年3月的22 284小时/周。牛津郡议会负责成人服务的凯特·托洛尼（Kate Terroni）主任说：“随着人们寿命的增长，家庭护理的作用变得愈益重要。家庭护理比在养老院或其他地方更节约成本，患者可以继续与家人在一起，无须到医院或养老院适应新的环境。政府将会进一步整合资源、提升专业水平，满足社会需要。”① 二是中国政府关注海外侨胞的生存境况，多项举措惠及老人社会融入。2014年，国务院侨办推出“海外惠侨工程”八大计划，其中在华侨华人主要聚居城市，支持建设“华助中心”，通过扶持引导，积极开展敬老、扶弱、助残、救急等帮扶关爱活动，发挥帮扶、关爱、融入的功能，结合住在国和当地华侨华人社会特点，发展形成有特色的华助项目，建设和发展成为当地社区服务的重要组成部分，以获得住在国政府更多的关注和支持。② 目前英国伦敦华助中心已经成立，相关功能服务也将惠及牛津华人老人。三是新的华人社团成立，将关注华人群体自身问题，推动华人的整体融入。牛津之前多是香港移民，不太想涉及政治活动，同时因为有华人中心的存在，故而长期没有成立其他华人社团。但这一现状目前已经改变，相关社团已经在牛津成立。③ 这将进一步团结相关华人力量，推动与当地社会、外部华人社会和祖籍国的交流，更好地促进华人移民的融入。

### （三）资金、管理、合力：现实困境与融入平台的发展制约

尽管牛津华人中心和华人教会在推动华人移民融入方面作出了重要贡献，并得到广泛认同，但其发展仍然面临诸多问题，从而影响平台功能发展。首先是经费短缺，服务项目削减。近年来，受经济低迷等因素影响，英国各级财政在公共服务上不断压缩开支。2014年至2015年度，牛津市议会对华人中心的资助更是

---

① http：//news. oxfordshire. gov. uk/home – care – provision – on – the – increase – as – council – meets – adult – social – care – challenges/（May 6，2018）.

② 周干宪、唐小晴：《裘援平：推进“华助中心”建设　构建全球华助网络》（2017年1月24日），中国新闻网，http：//www. chinanews. com/hr/2017/01 – 24/8134764. shtml，2019年5月2日；陶煌蟒：《谭天星谈“华助中心”：为侨服务的工作没有休止符》（2016年2月2日），中国新闻网，http：//www. chinanews. com/hr/2016/02 – 02/7745376. shtml，2019年5月2日。

③ 根据2015年11月16日采访英国广东华侨华人联合总会H会长整理所得。

直接削减了90%，导致服务项目不断压缩。牛津华人教会的筹建款也一直未能如期筹措成功，发展空间面临瓶颈。[①] 其次是管理服务存在不足，部分活动效果不理想。服务项目创新不足，与社会发展存在脱节，很多咨询服务项目政府部门和社区都有提供，无法引起当地政府的更多关注。最后是华人内部不够团结，力量分化。华人中心成立之初，会员人数众多，但后来由于内部管理层之间观念不一、关系不和，一部分老人在火车站附近西牛津郡社区另起炉灶，成立了一个华人中心。牛津华人留学生教会也是后来成立，分走了部分教会资源。华人社会的分化不利于社会资本的积累，更无助于华人群体的整体融入。

## 结　语

的确，移民的融入是一个受移民自身条件、客观生存环境、居住国和祖籍国政策制度等多重因素影响的复杂过程，其结果也呈现出多种融入模式并存的异质性：有的移民完全被迁入地“同化”，有的移民则完全与迁入地“隔离”，更多的移民则是居于两者之间的状态。[②] 早期牛津多数华人移民老人由于自身因素、社会资本、公共政策等方面的制约，在经济、政治、文化、社会等多维度融入进程中都受到不同程度的影响，与当地主流社会和华人社会存在着不同程度的“双重距离”。牛津华人中心和华人教会等融入平台因应时代背景和华人社会发展需求而建构，它们为华人移民老人提升生存生活能力、增进与华人社会和当地社会的沟通联系、更好地维护自身相关合法权益等作出了积极贡献。但近些年来，由于英国经济低迷、政府财政紧缩、社会发展变化等因素制约，这些平台在资金、管理、合力等方面出现了一些问题，进而对其功能效应的发挥带来一定负面影响。值得乐观的是，随着牛津华人社会结构的变化和新移民老人的到来，他们为诸如华人中心、华人教会等类的传统移民融入平台进一步注入了新的活力。他们不仅带来了更加新鲜多元的中华文化，增强了老人们对祖籍国文化的“记忆维系”，而且促进了新、老移民之间的交流与社会空间的拓展，同时还推动了移民

---

① 牛津华人教会预计从2006年起3年筹60万镑，但至2012年才完成41万镑，与总共筹集180万镑购买教堂的目标相距甚远。参见：《牛津华人教堂2012—2013周年报告》，英国慈善委员会网，http：//apps. charitycommission. gov. uk/，2016年12月18日。

② 杨菊华：《从隔离、选择融入到融合：流动人口社会融入问题的理论思考》，《人口研究》2009年第1期，第25－27页。

融入平台的功能发展与结构调整。此外，随着当地政府、祖籍国政府和未来新的华人社团的助力，华人移民老人的社会融入支持体系将更加丰富完善，有助于他们更好地摆脱“双重距离”的困境。这种基于传统平台而不断整合创新的融入模式也为推动海外其他地区华人移民老人的社会融入带来一定的借鉴和启示意义。但无论如何，移民融入及其过程本身的复杂性决定了它必然是一个多元力量、多重结构、多个过程交互作用的产物。更何况在瞬息万变的今天，地理改变和文化差异已经不再是跨国移民产生社会适应需求的必要前提。人们甚至并未离开一直所生活的地方，却也常常有一种被时代抛弃的感觉。因此，对于海外华人移民老人这个长期濒临“边缘化”的群体而言，其社会适应与融入更多地需要华人群体自身、居住国政府和社会，以及祖籍国在社会支持、经费保障、平台建设、人力资源、制度安排等方面给予更加全方位的关注。或许只有这样，他们才能真正地实现“双重距离”的跨越。

## Crossing the “Double Distance”: The Dilemma and Breakthrough of the Social Inclusion of the Old Overseas Chinese Immigrants

Luo Yahong

**Abstract**: The social integration plight of the overseas Chinese immigrant elderly has increasingly becoming an important practical concern. Based on the study of British Chinese community in Oxford, this paper analyzes the “double distance” of the Chinese immigrant elderly to the local society and the Chinese society from the attribution perspective of ethnic characteristics, social capital and public policy. For a long time, Chinese Center and Chinese Church have been the two important support platforms of the Chinese immigrant elderly to achieve social adaptation and integration. In the future, there will be more roles such as the Chinese aid center and the Chinese community. Overall, the process of social adaptation and integration of Chinese immigrant elderly is constantly adjusting, but its development still needs the Chinese immigrants themselves, the government and society of the host country and home country to pay more attention to social support, funding protection, platform construction, human resources, and institutional arrangement, etc.

**Key Words**: Old overseas Chinese immigrants, Social integration, Dilemma, Adaptation

# 印尼华文学校在华裔学生社会融入与文化传承中的作用

## ——基于三语学校华裔学生的调查分析*

陈奕平　李才玉　陈友明**

**【摘　要】** 印尼七十多所三语学校在民主改革期间逐步建立，这反映华文教育在新时期的社会变迁。本文基于问卷调查与实地访谈，验证以下假设：印尼三语学校在华裔学生融入主流社会与传承华族文化过程中扮演重要的角色。本文发现：①从实践环节来看，课堂教学、课外活动、文化环境是影响华裔学生融入主流社会与传承华族文化的三个重要因素；②印尼三语学校的华裔学生因年龄、学校、所在行政区域不同，表现出融入主流与传承文化的程度不同；③总体而言，华裔学生对主流社会文化的接纳程度明显大于传承华族文化的程度。

**【关键词】** 印度尼西亚；三语学校；融入；传承；华族文化

---

* 基金项目：本文系笔者参加印度尼西亚苏迪曼将军大学人文学院“首届文化、教育、语言和文学国际会议”（CELL）的论文，经主办方授权在中国修订出版的中文版本。该文为国家社科基金重大项目“海外华人社区中华文化传承研究”（16ZDA220）阶段性成果。

** 作者简介：陈奕平，暨南大学国际关系学院/华侨华人研究院副院长、教授（Email：tchenyp@jnu.edu.cn）；李才玉，暨南大学国际关系学院/华侨华人研究院硕士研究生；陈友明（印度尼西亚国籍），印尼三语学校协会会长、普华基金会会长。

华裔学生是印尼华人社会的新生力量，也是印尼未来的建设者。他们融入主流社会与文化传承的程度关系到国家社会和谐稳定、华族社会生存发展。为培养印尼华裔国民意识与族群认同，华人社会在民主改革时期创办七十多所三语学校。三语学校面向印尼社会招生，正成为一个多元文化融合与族群交流的平台。

## 一、问题的提出和文献回顾

融入主流与传承华族文化是当前海外华人文化发展的特点及趋势。贝利（John W. Berry）将以上两个维度归结于文化整合，即移民在面临文化选择时，愿意传承原初文化并与其他群体互动。[①] 文化整合使移民文化呈现当地化与族群性的特点，满足海外华人生存发展的需要。随着多元文化政策的兴起，国内外学者关注学校教育在移民文化整合中发挥的作用及其实现途径。就华文学校发挥的功能而言，很多学者分别从居住国与华人社会视角展开，体现新时期的华校融入主流社会与传承中华文化的特点。王瑜、刘妍从政治、经济、文化层面分析学校教育的功能，指出学校通过开展华文教育，能在维护国家民族统一、增添经济发展活力、促进文化交流与创新方面发挥重要的作用。[②] 刘艳从民族学视角，以泰国春武里府社区为个案研究，认为华文学校是该社区成员形成强烈族群和国家认同的主要推动因素。在“大众学校”的学习生活中，佛教、王权与华人文化相互作用，塑造社区成员的社会意识。[③] 这突显了学校教育在华人社区与主流社会之间的桥梁角色。刘以榕认为，华文教育具有传递、选择、创造功能，能促进华人文化适应及文化建设。[④] 就华文学校文化整合功能的实现途径而言，已有文献多从微观视角进行具体探讨。玛努夫（Valerie Miller Maloof）等学者认为，学校通过保障民族教育课时、开发当地化教材、开展课外实践活动的形式，增强了族

---

① John W. Berry, Jean S. Phinney, David L. Sam, et al., *Immigrant youth in cultural transition acculturation, identity, and adaptation across national contexts*, Psychology Press, 2014.

② 王瑜、刘妍：《论双语教育的内涵与功能》，《教育评论》2006 年第 1 期，第 132 – 136 页。

③ 刘艳：《泰国多语学校国家认同构建的文化教育归因——以春武里府大众学校为例》，西南大学硕士学位论文，2018 年，第 11 – 40 页。

④ 刘以榕：《马来西亚华族的文化适应与华文教育》，《西南民族大学学报》2004 年第 12 期，第 83 – 85 页。

群之间的交往。[①] 娜木罕认为，学校教育是民族文化传承中所进行的理性活动，民族传统教育需注重课程开发主体和内容体系开放性、教学过程建构性与师生关系民主性。[②]

综上，许多学者采用文献法对华校的文化功能做了具体解析，但较少通过田野调查法和问卷调查法来分析当代华校在华裔学生融入主流与传承文化的作用。本文基于笔者2018年陆续在三语学校进行田野调查时搜集到的问卷调查数据与访谈资料，试图分析三语学校在融入与传承中的作用及成效。

## 二、印尼三语学校的概况

印尼华校从1966年开始被政府强行关闭半个多世纪，直到1998年苏哈托政府下台，印尼华文教育才开始复苏。经过多年的努力，印尼华文教育者探索出新的发展模式，即在融入主流社会的前提下，提倡继承华族传统文化。融入国民教育体系的印尼三语学校不仅满足社会经济发展的需求，而且促进印尼华族文化发展。

当前印尼三语学校共有70多所，主要分布在爪哇岛和苏门答腊岛地区，学生数量为50 000～60 000人。[③] 随着学生升学需求的增加，学校规模扩大至包含幼儿园、小学、初中，不少实力雄厚的三语学校已经开办高中。根据三语学校协会出示的数据，在22所三语学校中，54%的三语学校已开设高中教学。[④]

从三语学校的发展看，其在促进印尼社会与华人社区和谐发展方面发挥着重要作用。以融入主流社会为目标的国民教育活动有助于推动华裔学生形成系统的国家观及宗教信仰，提高他们适应社会的能力；同时也成为加强民族互信、改善民族关系的有效途径。日益增加的各民族学生和教师成为三语学校的重要组成成员。普华三语学校作为印尼国民教育机构之一，向当地学校分享教学资源，如友族教师会定期到其他宗教学校教授中文。其拥有20%的非华裔学生，非华裔教

---

① Valerie Miller Maloof, Donald L. Rubin and Ann Neville Miller, "Cultural Competence and Identity in Cross-Cultural Adaptation: The Role of a Vietnamese Heritage Language School", *International Journal of Bilingual Education and Bilingualism*, Vol. 9, No. 2, 2006, pp. 255－273.

② 娜木罕：《建构主义视野下的民族传统文化教育》，《云南民族大学学报》2009年第3期，第150－153页。

③ 《林琳巡视员会见印尼三语学校协会主席陈友明一行》，广东侨网，http://www.qb.gd.gov.cn/news2010/201807/t20180702_953721.htm，2019年3月19日浏览。

④ 2018年印尼三语学校协会关于三语学校中文课程问卷调查。

师占中文教师人数的50%。

与此同时，民族文化需要自觉建构。印尼三语学校是华文教育的重要组成部分，其创始人欲通过华文教育，在融入主流社会的前提下，促进华裔学生了解本民族文化及发展渊源，提升对华族的认同感。学校活动在国民教育体系引导下，增设华文课堂，教学用语以印尼语为主，华语属于第二教学用语。虽然华语不再作为母语进行教学，但是其课时充足，能基本满足中文学习的需要。印尼三语学校协会主席陈友明说："三语学校应每周保障至少四节华语课课时，否则该校不属于三语学校的范畴。"①

## 三、研究方法

本文从主流社会融入与传承华族文化的维度出发，分析印尼三语学校促进华裔学生融入主流社会与文化传承的途径及成效。

为了验证文章的假设与观点，本文采用问卷调查法分析三语学校的作用。2018年5月至9月，笔者前往西爪哇、中爪哇、东爪哇地区，对不同教学水平的九所学校进行样本采集。这九所学校为印尼必利达学校、吉祥山三语学校、八华学校、普华三语学校、马吉朗培德三语学校、日惹崇德三语学校、梭罗培育三语学校、茉华三语学校和泗水小太阳三语学校。

问卷分为两个部分：第一个部分主要从国家认同、宗教信仰、印尼语言与文化等方面，分析三语学校内华裔学生融入主流社会的情况；第二部分探究华裔学生华族文化传承的现状。结合影响华裔学生融入与传承的因素，主要分为课堂教学、课外实践活动、校园文化。问卷共发放900份，回收有效问卷748份，其中，小学生233人，初中生272人，高中生129人，其余114份未写明所受教育年级。

## 四、印尼三语学校作用的实证分析和主要发现

新生代华裔在社会环境的影响下，融入主流社会的趋势明显。为验证印尼三语学校在促进华裔学生社会融入和文化传承的作用，笔者基于问卷与访谈资料，

---

① 才玉：《在经验交流中优化教学——印尼三语学校研讨会》，《印尼新报》，http：//www. harian-baru. com/xinbao/20180726/20180726－7. pdf，2018年7月26日。

特做如下分析：

（一）促进华裔学生融入主流社会

作为国民学校的三语学校能有效促进学生社会化与当地化。下面，笔者从国家认同、宗教信仰、语言文化现状等方面，分析华裔学生融入主流社会的程度。

1. 有较强的民族归属感

相较于经济文化行为，国家认同是融入主流社会的根本前提。国家归属感是国家身份情感的表现方式。华裔对印尼的国家政治归属，意味着个体承认并接纳印尼政治意识形态与政治制度，思想行为效忠于印尼。新时期的印尼华裔的国家身份具有先赋性，国家认同自然归属于印尼，享有印尼公民权利并履行公民义务。印尼三语学校为华裔学生提供社会化教育，培养学生国民意识，加强学生对印尼的政治认同。

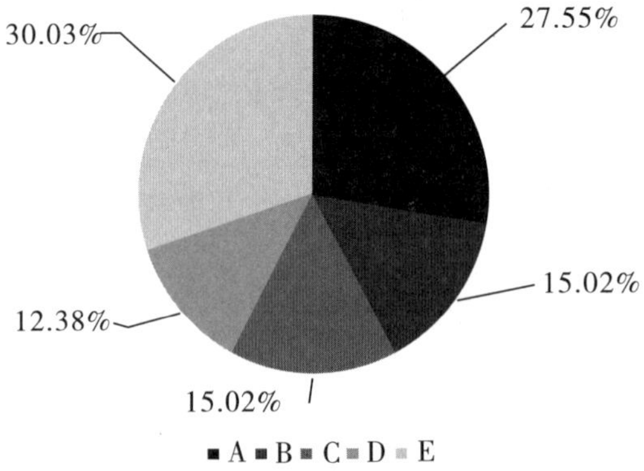


| A | B | C | D | E | 总计 |
|---|---|---|---|---|---|
| 27. 55% | 15. 02% | 15. 02% | 12. 38% | 30. 03% | 100% |

注：A：印度尼西亚；B：中国；C：美国；D：新加坡；E：其他

**图 1　印尼三语学校华裔学生升学目的国**

资料来源：2018 年笔者前往印尼三语学校所整理的问卷调查数据。

印尼三语学校的华裔国际视野开阔，在满足一切条件情况下，不同学生有着不同的留学向往地。但是按照比例大小计算，多数的华裔学生选择本国作为升学深造的地点。华裔学生升学向往目的地依次是印度尼西亚（27. 55%）、中国

（15.02%）、美国（15.02%）、新加坡（12.38%）。客观上来说，虽然美国、新加坡高等教育水平高于属发展中国家的印尼，且中国是华裔族群文化发源地，但是近三分之一的学生仍选择在印尼深造，从一定程度上说明华裔学生的国家认同归属于印尼，对印尼未来发展有着良好的预期。

2. 持有虔诚的宗教信仰

印尼是一个宗教信仰色彩较浓厚的国家，政府明文规定印尼公民必须信仰宗教。“潘查希拉”作为印尼主流意识形态，首要的是“信仰至高无上的上帝”①，其内涵体现在印尼公民的实际生活中。印尼国内有六大主流宗教，各宗教地位平等，公民宗教信仰自由。宗教信仰虔诚成为印尼公民的首要标志，也是衡量华人是否融入主流社会的一个重要指标。

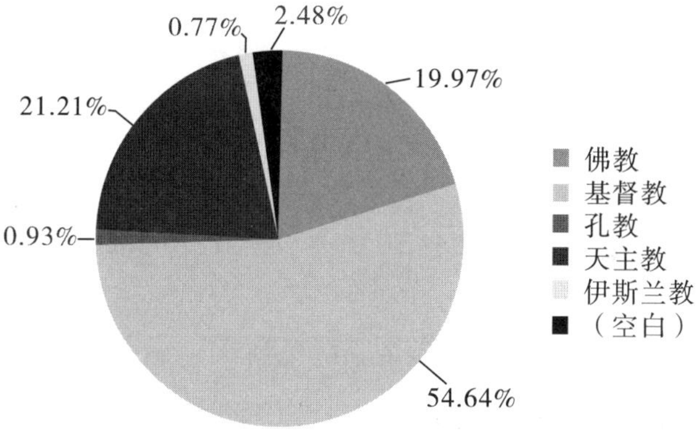


**图 2　印尼三语学校华裔学生的宗教信仰分布**

资料来源：2018 年笔者前往印尼三语学校所整理的问卷调查数据。

结果显示，绝大部分华裔学生宗教信仰明确，但同一华族群体内，宗教信仰受环境影响而有所不同。信仰较多的是基督教、天主教、佛教，其比例分别为 54.64%、21.21%、19.97%。相比于东方宗教，印尼华裔更多信仰西方宗教。究其原因，印尼政府在苏哈托时期对印尼华人宗教存有意识形态偏见。印尼华人出于安身立命的考虑，选择信仰西方宗教。由于受西方文化影响较深，印尼华人

① 《建国五原则内涵》，《国际日报》，http：//www.guojiribao.com/shtml/gjrb/20181101/1191115.shtml，2019 年 1 月 27 日浏览。

更倾向选择基督教与天主教。宗教信仰具有代际传递性，华裔青少年在出生后较大程度跟随祖辈信仰西方宗教。

值得说明的是，少部分华裔学生选择孔教、伊斯兰教，其比例分别占总人数的0.93%，0.77%。由于20世纪末恢复宗教信仰自由，孔教兴起之日较短，皈依孔教信仰的信徒队伍相对小众；另有少部分华裔信仰伊斯兰教，印尼华族与友族通婚趋势明显，其宗教信仰选择跟随家人信仰伊斯兰教。同时，不少印尼华裔受居住地影响，信仰印度教，如印尼巴厘省的华人较多信仰印度教。

宗教信仰对于印尼公民具有重要意义。作为国民学校，印尼三语学校如何培养学生宗教信仰？为此，笔者设计了一道多选题。

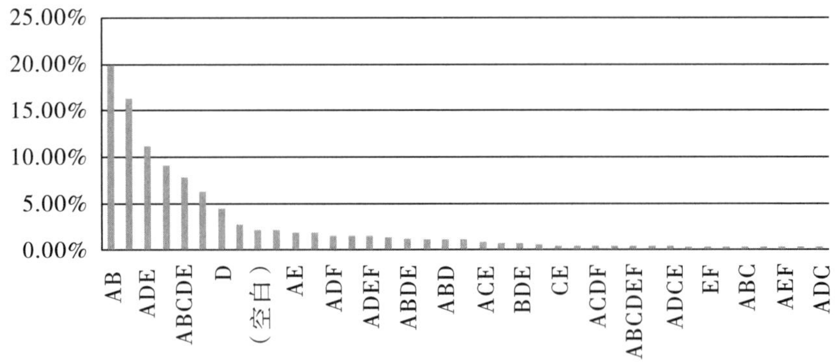


| AB | ACDE | ADE | ACD | 其他 | 总计 |
|---|---|---|---|---|---|
| 19.97% | 16.25% | 11.15% | 9.13% | 43.50% | 100% |

注：A：宗教课堂；B：去宗教场所；C：阅读宗教课本；D：进行课间祈祷；E：庆祝宗教节日；F：自填项

**图3　印尼三语学校宗教教学方式**

资料来源：2018年笔者前往印尼三语学校所整理的问卷调查数据。

从图3选项选择多样性可以看出，印尼三语学校开展的宗教活动形式多样，以基本课堂教学为主，结合校内课间宗教仪式、开展活动庆典和校外实践。宗教学习注重理论与实践的结合，使学生既能形成基本宗教信仰价值观，又能将宗教信仰融入生活中。

学生对学习成效的主观感知可以反映出学校教学活动的质量。当问及学生“学校教育对您了解自身所属的宗教信仰有多大帮助”时，学生回答如下：

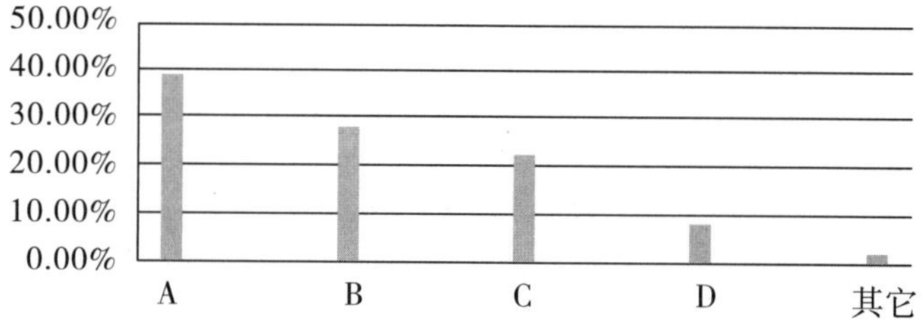


| A | B | C | D | 其他 | 总计 |
|---|---|---|---|---|---|
| 38.85% | 27.86% | 22.45% | 7.12% | 3.72% | 100% |

注：A：非常有帮助；B：有一定帮助；C：帮助较少；D：没有帮助

**图4 印尼三语学校宗教教学活动之学生评价**

资料来源：2018年笔者前往印尼三语学校所整理的问卷调查数据。

从总体来看，三语学校在宗教知识传播和升华信仰方面发挥着正面作用，其教学成果具有一定成效，多数学生愿意参与学校开展的宗教活动，认为三语学校对自身宗教信仰有帮助的学生比例达89%。但学生对学校宗教活动教学成效评价各异，认为“非常有帮助”的同学为38.85%，“有一定帮助”比例为27.86%，“帮助较少”比例为22.45%。此数据说明印尼三语学校在宗教教学方式与教学多样性方面仍需加强。存在少部分学生（7.12%）认为“没有帮助”，这与印尼多元宗教信仰与教学资源有限性相关联。三语学校在尊重宗教平等的基础上，根据学生的倾向性开展宗教活动，一般选择基督教或天主教活动。由于宗教信仰之间的仪式各有区分，基督教或天主教以外的学生较少受到学校宗教活动的影响。必利达学校是一所以天主教信仰为主的三语学校，在认为“学校宗教活动对其没有帮助”的学生中，佛教徒学生占了50%。

3. 熟练掌握印尼语言文化

印尼地域幅员辽阔，拥有以印尼语为官方语言，地方性语言、国际通用语言并存的语言环境。将印尼常用语言作为第一使用语言，是印尼华裔立足主流社会的首要文化标志。下面分析三语学校在印尼语言与文化教学方面的概况。

（1）印尼语言的使用。

全面掌握当地语言及其交际规范是融入当地社会的基础，有助于促进印尼华人生活正常运行及争取和维护正当权益。如果移民的语言和文化水平与主体民族接近，其融合进程就快，相反则慢。[①] 若印尼华裔学生在多数情况下选择使用印尼文或当地方言，这说明他们融入印尼主流社会程度较深。

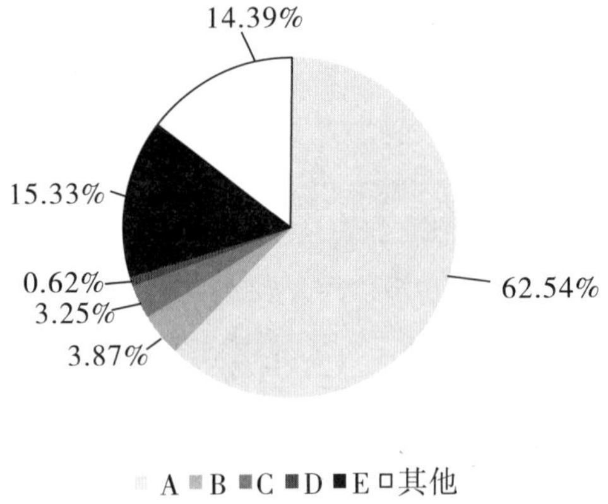


| A | B | C | D | E | 其他 | 总计 |
|---|---|---|---|---|---|---|
| 62.54% | 3.87% | 3.25% | 0.62% | 15.33% | 14.39% | 100% |

注：A：印尼语；B：印尼方言；C：中国普通话；D：中国方言；E：英语

**图5　印尼三语学校华裔学生在校常用语言分布**

资料来源：2018年笔者前往印尼三语学校所整理的问卷调查数据。

学生在学校使用最为普遍的是印尼语，比例为62.54%；其次是英语，比例达15.33%，少部分学生将印尼方言、中国普通话、中国方言作为学校常用语言。共有66.41%的学生将印尼语或印尼方言作为校园语言使用的首要选择，这说明大部分华裔学生的母语为印尼语，语言融入程度高。学校教育推动了学生学习并使用印尼语。根据印尼文教科部的规定，印尼语作为必修课，其成绩直接影响学生升学。因此，国民学校重视印尼语的课程地位，在课堂教学上保障印尼语课时与教学质量。语言学习离不开社会环境，学生在印尼语语境下，将语言学习融入日常生活，促使印尼语使用率较高。相较于其他语言，印尼语在校内使用频率最为频繁，这突出印尼三语学校教育的国民性，即印尼语作为教学第一语言。

英语也是学生在校期间使用频率较多的语言，仅次于印尼语。印尼华裔学生的英文水平普遍较好。一方面归结于三语学校的建校初衷之一，即培养国际化人

---

① 梁茂信：《现代欧美移民与民族多元化研究》，商务印书馆，2011年，第409页。

才。华人社会普遍重视英文学习，认为学习英文有助于拓展子女的国际视野，增强竞争优势。另一方面因为西方文化在印尼社会传播早，范围广，致使英文被广泛应用至社会公共领域。

从前述图表可看出，华裔学生语言使用具有多样性。印尼语与印尼方言、英语等多语言经常交叉使用，其比例达 14.39%。从学生可在学校自主选择使用多元语言可分析出，印尼三语学校为学生提供了相对宽松的语言环境。

（2）印尼文化的认知。

语言是文化的载体，通过语言媒介可了解特定区域的文化内涵。通过图 5 可知，三语学校学生对印尼语掌握熟练，在此基础上，学生对印尼文化的认知度如何呢？

印尼有 300 多个民族，各民族孕育了灿烂的民族文化。特定的民族文化反映该族群的思维方式和艺术审美。印尼华人自觉认识与鉴赏他族文化，这是他们主动融入主流社会的表现。

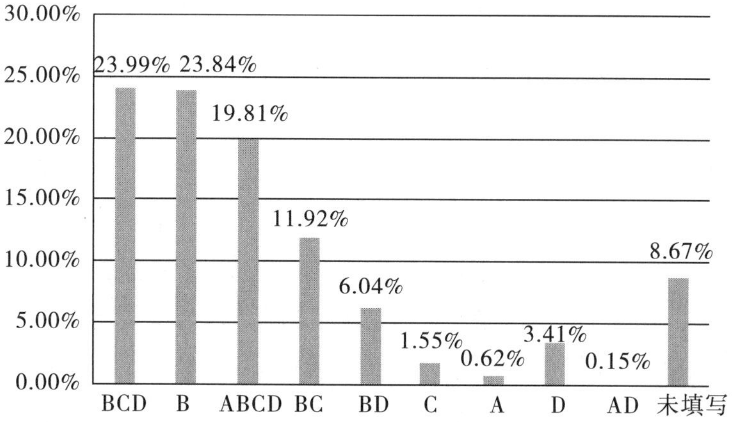


| BCD | B | ABCD | BC | BD | 其他 | 总计 |
|---|---|---|---|---|---|---|
| 23.99% | 23.84% | 19.81% | 11.92% | 6.04% | 14.4% | 100% |

注：A：二胡；B：昂格隆；C：甘美兰；D：中国鼓

**图 6　印尼三语学校华裔学生对主流文化的认知情况**

资料来源：2018 年笔者前往印尼三语学校所整理的问卷调查数据。

昂格隆和甘美兰是印尼传统乐器的代表，流行于印尼爪哇岛，多用于宗教仪式、重大节日庆典活动。本题设置成多选题，考查学生对传统文化的认知程度。从调查结果可知：印尼华裔学生本土文化习得程度远大于中华传统文化。数据显示：仅4.18%的学生选择以二胡和/或中国鼓为代表的中国传统乐器，95.82%的华裔学生可识别印尼传统乐器，其中37.31%的华裔学生仅能识别以昂格隆和甘美兰为代表的印尼传统乐器，对二胡、中国鼓为代表的中华文化传统不了解。

占有较大比例的华裔学生已具备印尼传统文化基本素养，部分华裔学生将传统文化发展为自己的爱好和特长。作为教育系统，学校在其中发挥了怎样的作用？学生对问卷中第七道多选题的反馈如下：

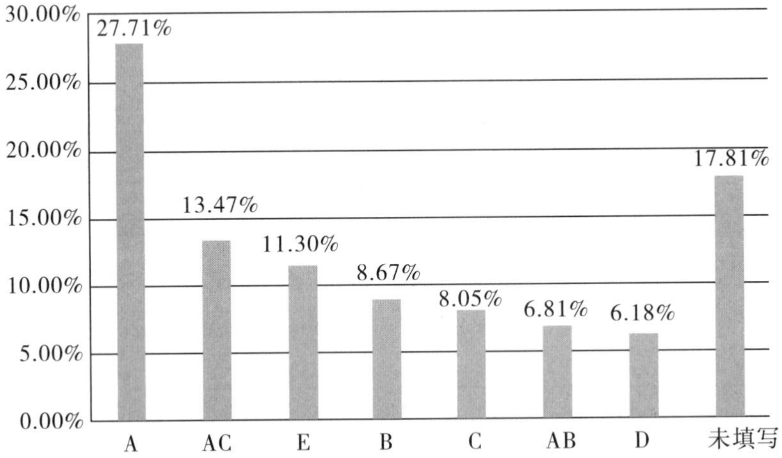


| A | AC | E | B | C | AB | D | 其他 | 总计 |
|---|---|---|---|---|---|---|---|---|
| 27.71% | 13.47% | 11.30% | 8.67% | 8.05% | 6.81% | 6.18% | 17.81% | 100% |

注：A：音乐课或舞蹈课；B：文化课书本；C：学校庆典活动；D：其他；E：较少接触

**图7 印尼三语学校主流文化教学方式**

资料来源：2018年笔者前往印尼三语学校所整理的问卷调查数据。

从图7可了解到，学校传播当地传统文化的途径多元。27.71%的学生从课堂上学习传统乐器；13.47%的学生在课堂上与庆典活动中接触传统乐器；8.67%的学生表示从文化课书本上认识传统乐器的相关知识。印尼三语学校通过艺术课堂、文体活动会演、教材等形式促进学生习得印尼当地传统民乐知识和技能。除此之外，在其他选项中，多名学生提及参加学生社团是知晓传统乐器的方式之一。以学生社团为代表的学生活动在传播印尼当地传统民乐的过程中扮演必要的角色。比如：普华三语学校学生已自主创办知识类、艺术类、语言类的社团，学校每年在4月举办由学生自导自演的文艺会演，其中节目不乏印尼传统舞蹈、乐器和歌曲。①

## （二）印尼三语学校促进华裔学生传承华族文化

三语学校促进华裔学生融入主流社会的同时，也鼓励传承华族传统文化。印尼三语学校开展有关华族文化的课程与活动，一定程度上帮助学生形成华族文化认同，具体包括族群身份认同、道德礼仪、语言运用、文化艺术。

### 1. 逐渐形成的华族身份认同

民族文化属性是海外华族表明自我身份的“名片”，是推动该族群发展的动力。当前，华人族群认同呈现逐渐淡薄的趋势。印尼三语学校通过文化活动增进华裔学生的族群认同。

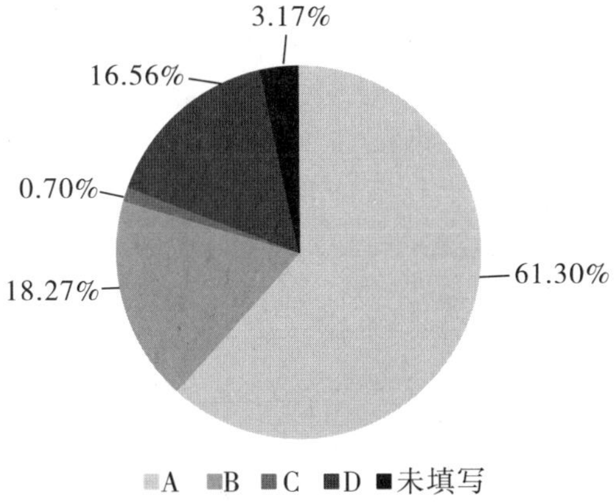


| A | B | C | D | 未填写 | 总计 |
|---|---|---|---|---|---|
| 61.30% | 18.27% | 0.70% | 16.56% | 3.17% | 100% |

注：A：华人；B：爪哇；C：巽他人；D：其他

**图8　印尼三语学校华裔学生族群认同**

资料来源：2018年笔者前往印尼三语学校所整理的问卷调查数据。

① 2018年8月15日于普华三语学校对中文系主任CT进行访谈。

从图8数据可得到，认同华族的华裔学生占总人数的61.30%，认同爪哇族的华裔学生比例为18.27%，35.53%的华裔学生认为属于其他非华族族群，3.17%为未填写该项。填写问卷时，大部分任课教师会对问卷选项进行解释说明。在此情况下，仍有超过30%的华裔学生未形成明确族群认同。究其原因，主要包括：一是受国内华人身份特殊的影响，选择隐蔽华人身份；二是部分华人迁移的时期较长，华人家庭与他族族群交往较频繁，这也是当代华裔学生族群认同多元的原因。

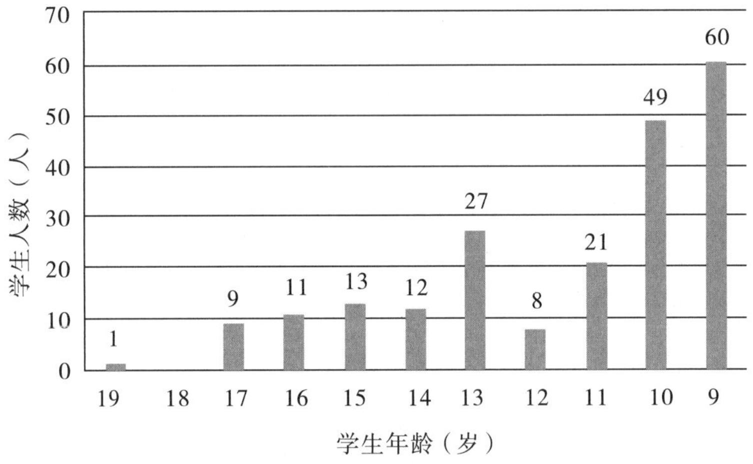


**图9　印尼三语学校华族身份认同模糊的学生的年龄分布**

资料来源：2018年笔者前往印尼三语学校所整理的问卷调查数据。

虽然有35.53%的三语学校华裔学生华族认同淡薄，但是从图9中可了解到，该学生群体随着年龄增长，族群认同大致呈递增趋势。如9～12周岁的小学生，族群身份错误认知人数随着年级上升而逐渐递减；另外，在不同的学习阶段，华族认同呈波动性增长。13～15岁的学生进入初中阶段，由于学校在初中一年级会招收不同学校毕业的华裔学生，不同知识背景学生的加入增加了持有华族模糊观念的学生人数。随着学校教育的深入，这类学生人数由27人减少至13人。高中阶段学生随着年龄增长，逐渐形成明晰的族群认知。在学生身心发育相同的情况下，印尼三语学校加深学生对华族文化的符号印象，从而培养与保持学生对华族的归属。由此可见，印尼三语学校低年龄学生的华族认同较低，随着学校文化熏陶、个人身心发展成熟与家庭教育的深化，学生华族身份逐渐得以确认。

2. 养成良好道德品质

崇尚礼节是中华民族的优良传统。培养学生良好行为规范，继承华族优良道德是印尼三语学校德育功能的一部分。学校通过多种教学方式来实现德育教学目标。

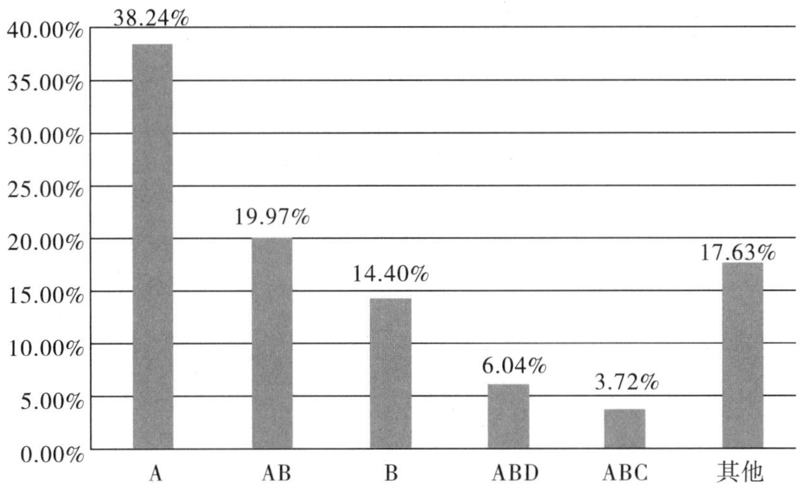


| A | AB | B | ABD | ABC | 其他 | 总计 |
|---|---|---|---|---|---|---|
| 38.24% | 19.97% | 14.40% | 6.04% | 3.72% | 17.63% | 100% |

注：A：教师言传身教；B：德育课程；C：礼仪大赛；D：教材

**图 10 印尼三语学校德育途径**

资料来源：2018 年笔者前往印尼三语学校所整理的问卷调查数据。

38.24% 的学生选择通过教师言传身教的方式增强自身道德水平；19.97% 的学生认为三语学校教师的言传身教和德育课程对塑造自身道德修养具有重要作用；除此之外，阅读教材、参加礼仪大赛是学校德育的组成部分，17.63% 为德育途径的混合选项集合。从选择比例看，最能影响学生道德修养的因素为学校教师。教师与学生接触频繁，其人格品质、行为习惯成为学生效仿的对象。三语学校教师普遍有良好的师德，通过言传身教增强学生的道德品质，这是多数学生认可教师影响的原因。另外，从学生答案的多样化可以看出学校开展了多类别的华文德育形式，如德育课程、礼仪大赛、自制教材、德育实践。《弟子规》教学是三语学校华族道德教育的显著特征，大部分三语学校要求学生从小学开始背诵

《弟子规》，通过课程教学、文艺演出的方式帮助学生理解和实践《弟子规》的相关礼节。

学校德育实践活动对学生思想道德影响如何？对此，问卷设置了有关尊敬师长的问题（见图 11）。

问卷第五题设问："在走廊遇见老师，您会主动上前问好吗？"76.78% 的学生选择非常热情地向遇见的老师问好；13.47% 的学生对待教师的态度比较随意；4.64% 的学生选择性地向老师问好；只有不到 1% 的学生当作没有看见老师。余下 4.34% 为无效选项。结果表明：绝大部分印尼三语学校学生养成了优良传统道德，表现在礼貌待人、尊重师长上。大多数印尼三语学校的师生关系亦师亦友，关系和谐。学生在教师的引导下获得知识技能，尊敬教师是学生懂得感恩的情感表现。

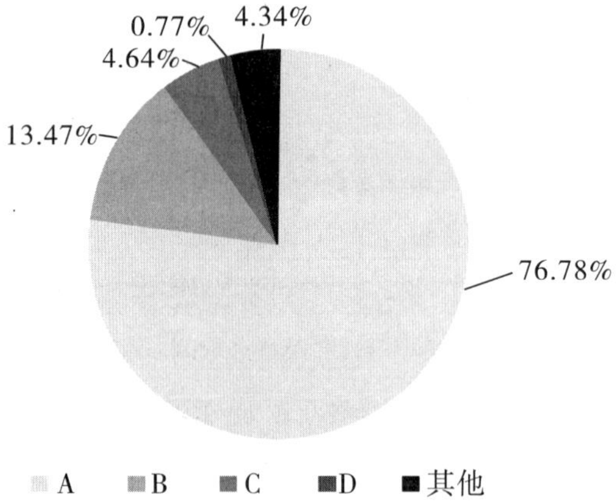


| A | B | C | D | 其他 | 总计 |
| --- | --- | --- | --- | --- | --- |
| 76.78% | 13.47% | 4.64% | 0.77% | 4.34% | 100% |

注：A：十分热情；B：比较随意；C：选择性；D：不会

**图 11　印尼三语学校华裔学生道德水平状况**

资料来源：2018 年笔者前往印尼三语学校所整理的问卷调查数据。

3. 学习中文语言技能和相关文化

掌握中文语言技能，既是华裔自身发展的优势，也是华族发展的前提。拥有良好的学习动机是保障学习质量的前提。

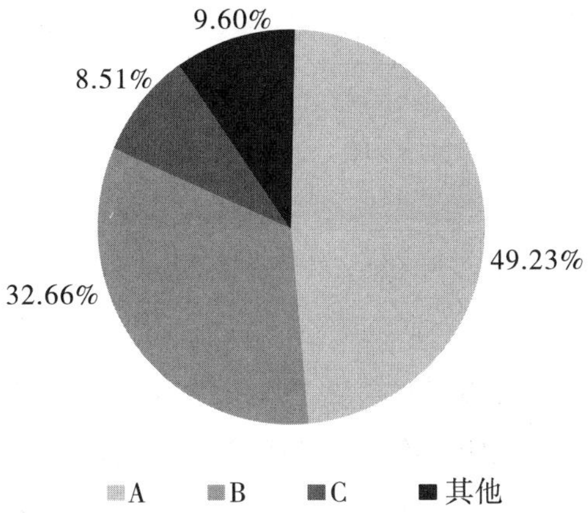


| A | B | C | 其他 | 总计 |
|---|---|---|---|---|
| 49. 23% | 32. 66% | 8. 51% | 9. 60% | 100% |

注：A：对未来工作有利；B：作为华人，应该了解；C：没必要

**图 12　印尼三语学校华裔学生学习动机**

资料来源：2018 年笔者前往印尼三语学校所整理的问卷调查数据。

如图 12 所示，针对华裔学生学习中文的态度，笔者设计了“您需要学习华语吗”的问题。从问卷分析看，49. 23% 的学生愿意学习中文，认为掌握中文这门语言对未来工作有利；32. 66% 的学生愿意学习中文，认为作为华人，需要认识自身族群文化；8. 51% 的学生认为没有必要学习中文；9. 60% 的学生对学习中文的意义有不同见解，如学习中文是为了满足父母的期望。这说明，大部分印尼华裔学生认为学习中文有必要。这一现象如何解释？

首先，当今华裔学生学习中文是因为族群认同和中文的经济价值。某位就读初中一年级的华裔学生说：“学习中文对于我们华人来说很重要，但是对于个人而言不重要。”① 华文学习动机的形成不仅与语言价值有关，同时离不开社会文化环境、个人价值观因素的影响。另外，华裔学生中文学习动机与年龄因素相关。小学生、初中生与高中生在中文学习动机上存在明显差异。如图 13 所示，华裔学生中文价值认可度随着认知水平的增长呈现递增趋势，绝大多数高年级学生愿意学习中文并认可其在民族认同和经济发展的文化及经济价值。

① 2018 年 7 月在印尼必利达学校对学生 HX 进行访谈。

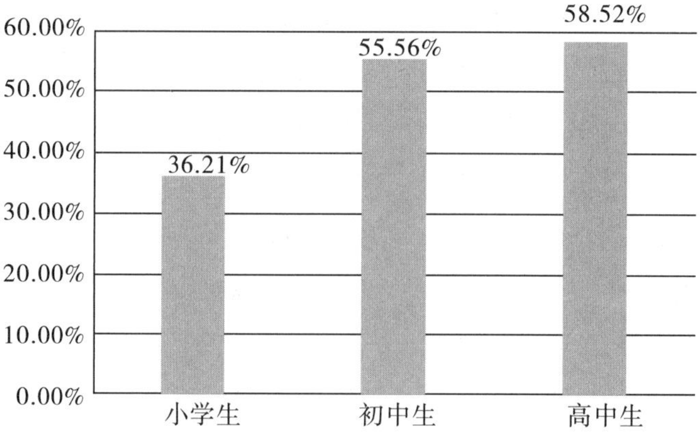


**图 13 华裔小学生、初中生与高中生中文学习动机认知差异**

资料来源：2018 年笔者前往印尼三语学校所整理的问卷调查数据。

华文教育最根本的目标是使华裔学生学会汉语并与中国人进行交流。[①] 三语学校着重培养学生听说读写能力。中文课堂教学是三语学校重要的教学形式，学生对中文教学的满意度如何，请看问卷第十一题："您喜欢中文课吗？"

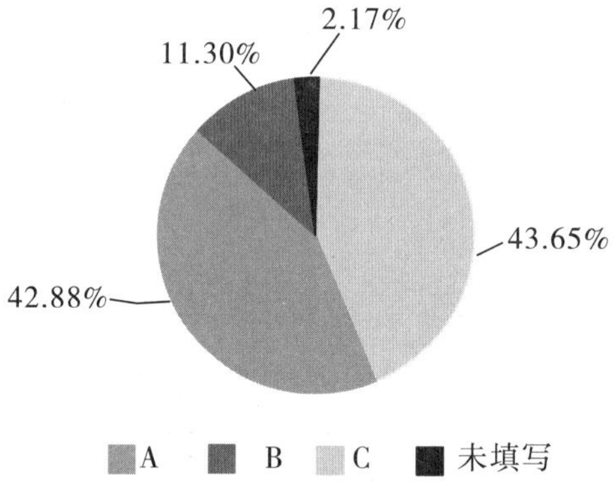


| C | A | B | 未填写 | 总计 |
|---|---|---|---|---|
| 43.65% | 42.88% | 11.30% | 2.17% | 100% |

注：A：喜欢；B：不喜欢；C：视情况而定

**图 14 华裔学生对印尼三语学校中文课堂之评价**

资料来源：2018 年笔者前往印尼三语学校所整理的问卷调查数据。

① 张建成：《华文教育与中华语言文化传播》，中国社会科学出版社，2016 年，第 109 页。

学生对中文教学课堂持有什么样的态度呢？这一答案直接反映中文教学课堂教学水平。如图 14 所示，43.65% 的学生学习中文的积极性取决于中文课堂教学情况，42.88% 的学生喜欢中文课，11.30% 的学生不喜欢中文课，2.17% 的学生未填写此选项。

从学生主观视角出发，中文课堂的优势和不足分别是什么？图 15、图 16 反映印尼三语学校中文教学的有利和不利条件。有利条件：一是三语学校中文教学系统化，20.59% 的学生具有一定的中文基础；二是三语学校为实现学生个性化发展需要，开设多元化中文课程；三是师生关系融洽，表明三语学校各族群之间和谐相处，为学生学好中文奠定人文基础；四是多种有利因素相互作用，25.71% 的学生做出了多项选择，8.5% 的同学未做出选择，这说明少部分学生在中文学习方面兴趣不高。

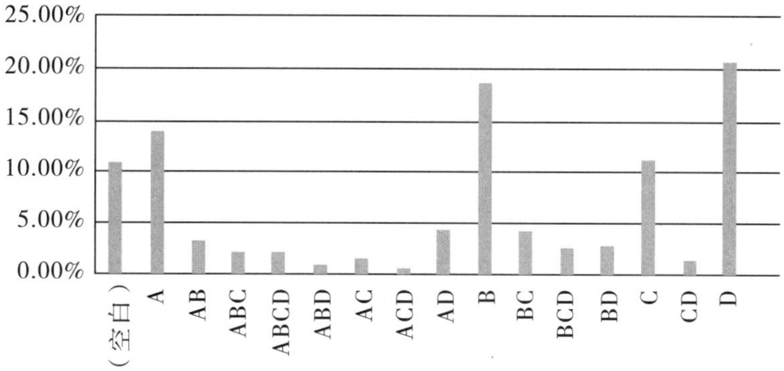


| D | B | A | C | 其他 | 总计 |
|---|---|---|---|---|---|
| 20.59% | 18.58% | 13.78% | 11.15% | 35.9% | 100% |

注：A：师生关系融洽；B：课程形式多样；C：教材内容趣味性强；D：有一定的中文基础

**图 15　有利于印尼三语学校华裔学生中文学习的条件**

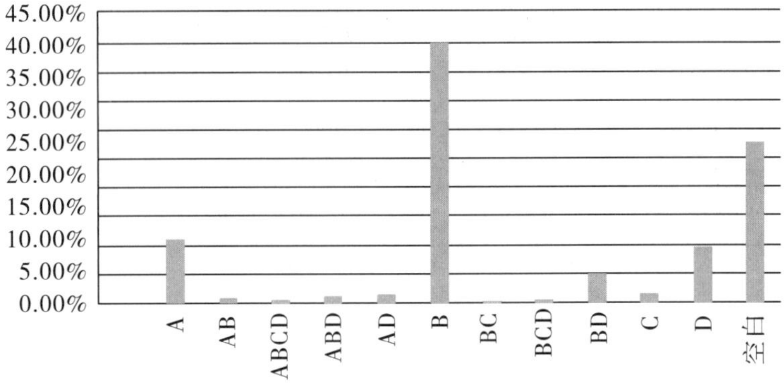


| B | A | D | BD | 其他 | 总计 |
|---|---|---|---|---|---|
| 40.09% | 10.99% | 9.60% | 5.11% | 34.21% | 100% |

注：A：中文课堂互动性不强；B：中文难度大；C：无中文学习动机；D：中文教材脱离实际

**图 16　不利于印尼三语学校华裔学生中文学习的条件**

资料来源：2018 年笔者前往印尼三语学校所整理的问卷调查数据。

学生中文交际能力是华族传统文化传承的前提。通过系列课程学习，三语学校学生的中文交际能力如何，图 17 给出了答案。

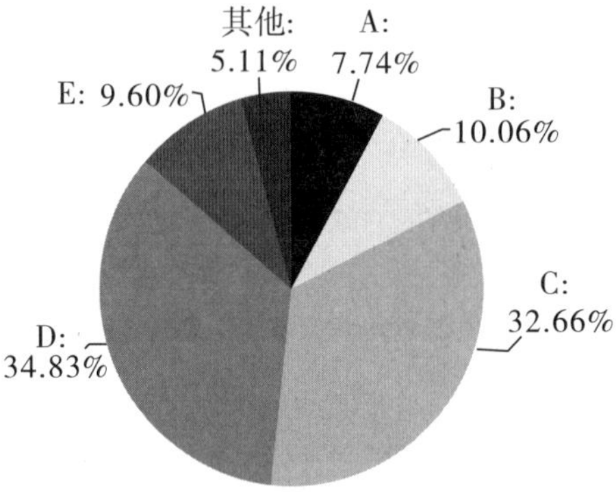


| D | C | B | E | A | 其他 | 总计 |
|---|---|---|---|---|---|---|
| 34.83% | 32.66% | 10.06% | 9.60% | 7.74% | 5.11% | 100% |

注：A：非常流利；B：基本能够；C：一般；D：只会一点；E：不能

**图 17　印尼三语学校华裔学生中文交际能力**

资料来源：2018 年笔者前往印尼三语学校所整理的问卷调查数据。

34.83%的学生表示只能在交流中说部分中文词汇和基本句型；32.66%的学生表示中文交流能力一般；10.06%的学生表示基本能够用中文交流；7.74%的学生表示可流利地用中文进行交流。5.11%的学生在此题中进行多选或者未填写。由此可以看出，这部分学生对中文掌握度缺乏衡量标准。印尼华裔学生已具有中文基础知识，但是还需继续学习才能完全掌握中文。印尼华裔学生的中文交际能力在个体之间、学校之间存有差异。一般情况下，家庭中文氛围好的学生中文交际能力强；中文资源充足、重视中文教学的学校中，绝大多数学生能熟练掌握中文交流技巧。

语言学习不能脱离文化环境，文化因素保障语言使用的得体性，辅助第二语言理解。① 印尼三语学校在中文教学与活动中，渗透中华文化的表现形式。

印尼三语学校华裔学生能大致了解传统节日、手工技艺、传统服饰等传统华族文化。但仍有4.95%的华裔学生不能认识华族文化，19.74%的学生对华族文化认识多元。图18的调查结果显示，印尼华裔学生最为熟悉的文化符号为华族传统节日，比例为62.69%。总的来看，三语学校的华裔学生对传统文化认识处于中高水平，由此可以看出课外实践活动对于学生习得传统文化的重要性。

由于学校语言教学时长有限，为达到传承华族文化的目的，学生还应树立终身学习中文的目标。

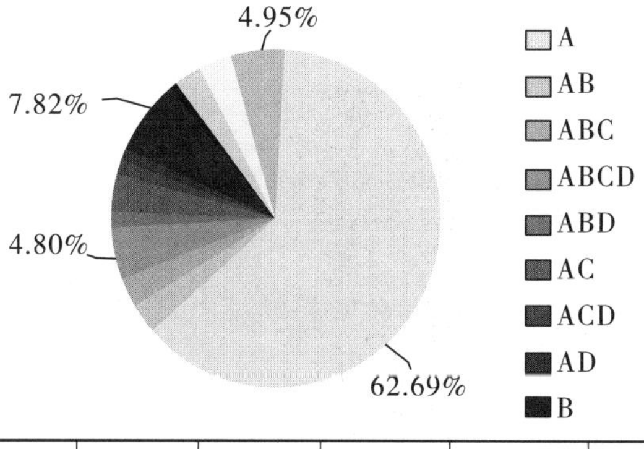


| A | B | 空白 | ABCD | 其他 | 总计 |
|---|---|---|---|---|---|
| 62.69% | 7.82% | 4.95% | 4.8% | 19.74% | 100% |

注：A：传统节日；B：剪纸、书法；C：汉服、旗袍；D：《弟子规》

**图18　印尼三语学校华裔学生华族文化认知**

资料来源：2018年笔者前往印尼三语学校所整理的问卷调查数据。

① 张建成：《华文教育与中华语言文化传播》，中国社会科学出版社，2016年，第109页。

如图 19 所示，经过调查，28.79% 的学生十分坚定在未来要学习中文，这部分学生主要集中在高中阶段。这表明印尼三语学校成功激发一部分华裔学生学习中文的兴趣，通过教育培养较高水平的中文人才；45.05% 的学生表示是否继续学习中文取决于未来发展的情况；4.95% 的学生表示将来不会学习中文；大多数华裔学生对待继续学习中文的态度模糊，但不否定将来学习的可能性，这表明学生对中文语言价值持有肯定态度。4.65% 的学生持观望态度，存在未填写或多选无效答案。从整体可看出，在三语学校就读的华裔学生，其华语终身学习的动机集中于高年级。

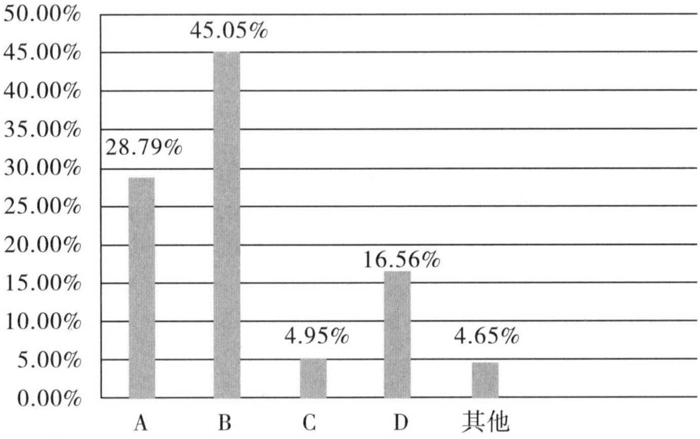


| B | A | D | C | 其他 | 总计 |
|---|---|---|---|---|---|
| 45.05% | 28.79% | 16.56% | 4.95% | 4.65% | 100% |

注：A：会；B：可能；C：不会；D：不知道

**图 19　印尼三语学校华裔学生未来学习中文意愿**

## 结　语

印尼民主改革赋予华文教育新的机遇和时代使命，七十多所三语学校先后建立起来。基于对印尼三语学校的问卷调查与访谈资料，本文验证了以下假说：印尼三语学校在促进华裔学生融入主流社会与传承中华文化方面发挥了积极作用。当然，三语学校的作用存有校际、学生主体之间的程度差异。

一方面，多元教学、课外实践和校园文化是影响华裔学生融入主流社会与传承文化的必要因素。学校通过课堂教学、课外活动的方式进行德育教育与宗教教育，加强学生国家认同与宗教意识，以此深化学生融入主流社会。这首先表现在国家认同方面：新一代华裔认可印尼国家，对国家持有较强的归属感与自豪感。其次是宗教信仰：根据国家文化发展需要，印尼三语学校明确宗教发展方向，开设相关宗教课程，组织宗教课外活动，将宗教仪式渗透在学生的学习生活中，促进学生信仰虔诚。最后表现在文化认同上：印尼华裔学生全面掌握印尼语及印尼方言，习得当地风俗、生活方式和艺术审美。以三语学校为代表的华文教育形式，体现本土化的特征。比如：学校设置当地化的文化课程，鼓励文化教学与实践活动相结合，以促进学生在知行合一中深化对当地文化风俗的理解。

另一方面，在融入当地的情况下，华裔学生受三语学校多元文化教育的影响，一定程度地传承华族传统文化。印尼三语学校为鼓励华裔学生传承华族文化，开展多样化课堂教学、营造中文学习氛围与开展中文主题活动。教学活动具体表现在以下方面：一是学校开设感恩道德教育，影响学生的道德观念及行为。二是学校进行语言文化教学，结合文化环境及课堂活动让学生学习华族语言及文化。中文语言文化教学课程多样化、上课方式灵活及教师耐心教学，提高学生学习兴趣，使学生初步掌握中文语言和相关文化。然而，印尼三语学校在中文教学方面仍面临一些挑战，比如缺乏中文教师和本土化中文教材等。就华裔学生整体中文水平而言，他们具有较好的中文听力能力，可进行简短的中文对话，但在写作与阅读方面还有待提高。

## The Role of Indonesian Trilingual Schools in Social Integration and Cultural Inheritance—Based on a Survey of Chinese Descent Students

Chen Yiping　Li Caiyu　Yudi Sutanto

**Abstract**: During the period of democratic reform in Indonesia, more than 70 trilingual schools have been set up, which reflect the changes in Chinese education in the new era. Based on the questionnaire survey and interview conducted in the trilingual schools, we verified the following research hypothesis: Indonesian Trilingual Schools

(ITS) can play an important role in social integration and cultural inheritance for the Chinese descent students. We find that: ①multilingual classroom teaching, practical activities and cultural environment influence are the important variables of affecting the integration of the ethnic Chinese into the mainstream and the inheritance of Chinese culture; ② Chinese descent students have different degrees of integration into the mainstream and cultural inheritance depending on their age, school and region; ③ in general, Chinese descent students learned the mainstream greater than Chinese cultural heritage.

**Key Words**: Indonesian, Trilingual school, Integration, Inheritance, Chinese culture

## 参考文献

[1] 蔡昌卓：《东盟华文教育》，广西师范大学出版社，2010 年。

[2] 黄昆章：《印尼华文教育发展史》，外语教学与研究出版社，2007 年。

[3] 胡培安、陈旋：《华文教育与中华文化传承》，社会科学文献出版社，2018 年。

[4] 陈友明：《印尼三语学校华文教学考察探析》，《汉语国际传播研究》2014 年第 2 期。

[5] 刘以榕：《马来西亚华族的文化适应与华文教育》，《西南民族大学学报》2004 年第 12 期。

[6] 梁英明：《从中华学堂到三语学校——论印度尼西亚现代华文学校的发展与演变》，《华侨华人历史研究》2013 年第 2 期。

[7] 施雪琴：《印尼华文教学的发展现状：基于雅加达三语学校的调研分析》，《八桂侨刊》2015 年第 2 期。

[8] 周聿峨、陈雷：《浅析印尼华文教育的复苏及前景》，《比较教育研究》2003 年第 9 期。

[9] 徐长恩：《印尼华人融入主流社会研究》，暨南大学硕士学位论文，2008 年。

[10] 孙淑女：《范式视阈下的跨文化适应理论》，浙江大学硕士学位论文，2015 年。

[11] Guofang Li, Wen Ma, *Educating Chinese-Heritage students in the global-*

*local nexus*: *Achievement*, *challenges*, *and opportunities*, Routledge, 2017.

[12] John W. Berry, Jean S. Phinney, David L. Sam, et al., *Immigrant Youth in Cultural Transition Acculturation*, *Identity*, *and Adaptation across National Contexts*, Psychology Press, 2014.

[13] Tong, Chee Kiong, *Identity and ethnic relations in southeast Asia*: *Racializing Chineseness*, Springer, 2010.

[14] Valerie Miller Maloof, Donald L. Rubin and Ann Neville Miller, "Cultural Competence and Identity in Cross-cultural Adaptation: The Role of a Vietnamese Heritage Language School", *International Journal of Bilingual Education and Bilingualism*, Vol. 9, No. 2, 2006.

[15] Donald Earl Willmott, *The Chinese of Semarang*: *A Changing Minority Community in Indonesia*, Cornell University Press, 1960.

# 歌舞下南洋：跨国文化互动与中华歌舞团的南洋巡演（1928—1929）

张倍瑜*

**【摘　要】**1928 年 5 月，中华歌舞团从上海出发，借道香港在当地进行了试演，接着行旅至南洋，在多个重要城市和港口演出，最后于 1929 年 10 月由新加坡启程返回。这段旅程展现了跨国剧团如何利用华人移民的关系网络，跨越多个地点进行巡演，其中彰显了中国与南洋之间的跨界联系性（transborder connectivity）。在与南洋社会接触的过程中，中华歌舞团与当地华人社会形成了多样的“交往网络”。本文探讨这趟旅程中剧团与当地南洋社会的碰撞，用比较和跨文化视野来呈现中华歌舞团“下南洋”的意义。本文提出以中华歌舞团为代表的跨国剧团在南洋的巡演应当与华侨华人的移民史、民族主义的跨界行旅（boundary-crossing）以及跨文化互动等方面进行同步的考察。

**【关键词】**黎锦晖；中华歌舞团；南洋；海峡华人；跨国剧团

---

* 作者简介：张倍瑜，新加坡国立大学历史系博士。暨南大学国际关系学院/华侨华人研究院在站博士后（Email：zhangbeiyu20102011@163. com）。

## 前　言

19 世纪开始，伴随着殖民主义和帝国主义在全球范围内的扩张，人口、物品、思想和图像跨越空间和时间的维度，以前所未有的速度流动。西方工业革命带来了科技的突飞猛进，电报、蒸汽船、报纸印刷得到广泛应用，加速了世界各地的联系。[①]在此背景下，“跨国剧团”（transnational theatre）应势而生。长期以来，学界倾向于将跨国剧团看作西方近代文明发展的结果，随着戏剧逐渐脱离传统节庆表演，西方国家发展出了为市场服务的商业性剧团。例如，诞生于伦敦的英国轻音乐剧团班德曼剧团（Bandmann Circuit），其巡演路线横跨了英国在全球的殖民地，先从帝国都会伦敦出发，绕道至美国旧金山，一路巡演于澳大利亚、新西兰、锡兰、印度及缅甸。[②] 在殖民帝国的羽翼下，欧洲剧团开始作跨国的、跨洋的巡回表演，在全球范围内传播西方文明，彰显着殖民主义现代性的娱乐工业也开始在全球扩张。[③]

但是，此种观点难免局限于西方中心主义，忽视了亚洲殖民地/半殖民地本土历史语境下发展出来的跨国剧团。学者雷碧薇（Daphane Pi-Wei Lei）认为早在清朝末期，诞生于中国南方沿海城市的粤剧剧团便随着粤籍移民远涉美洲，与当地社会产生了跨文化的交互地带。[④] 北美华人学者饶韵华（Nancy Yunhwa Rao）讲述了华南移民如何利用跨国网络，将华人戏曲移植到北美，使之成为唐人街文化重要的组成部分。[⑤] 另有伍仲荣（Wing Chung Ng）教授追溯了华人粤剧戏班从中国南方港口出发，来到华侨华人众多的东南亚表演，进而以东南亚为中转，经过跨洋旅行到达旧金山等地巡演，编织了一张以华侨华人商业资本为主导的跨国戏曲走廊。[⑥] 近年来，由于东南亚具有历史悠久且丰富多样的华人戏曲文化，逐

---

① Michael Geyer and Charles Bright, “World History in a Global Age”, *American Historical Review*, Vol. 100, 1995, p. 1053.

② Christopher B. Balme, “The Bandmann Circuit: Theatrical Networks in the First Age of Globalization”, *Theatre Research International*, Vol. 40, No. 1, 2015, pp. 19－36.

③ Kathryn Hansen, “Parsi Theatrical Networks in Southeast Asia: The Contrary Case of Burma”, *Journal of Southeast Asian Studies*, Vol. 49, No. 1, 2018, pp. 4－33.

④ Daphane Pi-Wei Lei, *Operatic China: Staging Chinese Identity across the Pacific*, Palgrave Macmillan, 2006.

⑤ Nancy Yunhwa Rao, *Chinatown Opera Theater in North America*, University of Illinois Press, 2017.

⑥ Wing Chung Ng, *The Rise of Cantonese Opera*, University of Illinois Press, 2015.

渐成为英文学术界关注的热点。学者更多地使用跨国流动和网络的视角研究华人戏曲在南洋的生产、传播和在地化。石峻山（Josh Stenberg）博士的新作《少数族裔的舞台：印尼华人的表演与公共展演》揭示了印度尼西亚华人表演文化是如何通过跨国的、区域的（新加坡、印度尼西亚，中国台湾、闽南）网络流动和传播，在不同的在地社会生产，最后融入印尼主流社会，成为混杂的（hybrid）印尼华人文化认同的一部分。[①]

丰富的学术成果表明，华人剧团跨国巡演的历史呈现出本土性和多样性的特征。[②] 与西方现代性话语下的剧团不同，这些团体在海外的演出最初是华人宗教祭祀习俗的一部分，[③] 是华人身处异国他乡有意识地传承文化的行为，因此具有很强的文化自觉性。除此之外，戏班离开侨乡，远涉华人聚居的城市与码头作戏曲的巡回表演，大致上是为了满足操着不同方言族群的侨胞的思乡之情。例如，潮汕籍移民喜看潮剧，而潮籍人士主要聚居在泰国，因而潮剧在泰国受众较多，且在20世纪30年代的泰国曼谷发展到了一个黄金时期。[④] 美洲以及东南亚的新加坡、越南等地拥有数目庞大的粤籍移民，因而粤剧市场繁荣。[⑤] 另一得到广大侨胞喜爱的是福建戏（包括布袋戏、高甲戏等），主要在闽南籍人士众多的印度尼西亚、菲律宾和新加坡得到流传。[⑥]

现有研究成果普遍认为方言戏曲是海外侨胞与侨乡的纽带，是华人文化身份认同中至关重要的体现。但是，学界对传统方言戏曲的过多渲染也导致了一些不足之处。其一，强化了乡土情结，而忽略了南洋华侨华人文化景观的多样性。事实上，南洋华人社会本身便是冗杂的、异质的，它内部不仅以方言族群区分，而且阶级差异明显，本土化程度和与殖民者关系的疏远也决定了华人族群内部的多样性和复杂性。例如，本文的中华歌舞团在南洋的巡演没有得到华人“新客”和劳工的认可，却在海峡华人（Straits Chinese）的精英社会引起了很大反响，证明华人社会内部文化喜好和审美的差异性。其二，大部分方言戏发展自中国古代

---

① Josh Stenberg, *Minority Stages: Sino-Indonesian Performance and Public Display*, University of Hawaii Press, 2019.

② 赖伯疆：《东南亚华文戏剧概观》，中国戏剧出版社，1993年。

③ Arnold Perris, “Chinese Wayang: The Survival of Chinese Opera in the Streets of Singapore”, *Ethnomusicology*, Vol. 22, No. 2, 1978, pp. 297 - 306.

④ 张长虹：《移民族群艺术及其身份：泰国潮剧研究》，厦门大学出版社，2011年。

⑤ 赖伯疆、黄镜明：《粤剧史》，中国戏剧出版社，1988年。

⑥ 周宁主编：《东南亚华语戏剧史》（下册），厦门大学出版社，2007年。

乡土社会，它是属于传统的、民间的戏曲娱乐。早期欧洲殖民者初来南洋时，便对华人传统的戏曲表演构建了许多刻板化的描述，认为这些音乐是粗鄙的、毫无意义的，与西方文明话语下的表演艺术相距甚远。① 但是，本研究强调我们必须看到同一时期的中国正在经历着一场重要的文化复兴——五四后的新文化运动。以北京和上海为两大轴心的文艺界百家争鸣，不仅大胆借鉴西方文明成果，而且孜孜不倦地探索符合中国民族形式的、新兴的现代性表演文化。中华歌舞团及其创始人——被誉为中国流行音乐之父、中国儿童歌舞剧鼻祖的黎锦晖，正是受北京和上海两地的文化运动熏陶和培养，创造了有别于传统戏曲表演程式的新式歌舞剧，并将整套表演体系介绍给了南洋华侨观众。有鉴于此，本文认为学者有必要打破西方民族志中对华人文化的刻板印象和东方主义叙事，以新式歌舞剧和音乐为切入点，突出其兼容并包、中西结合的文化张力。

本文用历史学方法，引用了新加坡和曼谷多种一手资料，包括中、英文报纸中对演出的报道，以及黎锦晖个人的回忆录和小说等，以尽可能贴合当事人心态和社会背景的方式，还原这段关键的跨界行旅。理论框架上，本文借鉴文化史的分析思路和跨国剧团的研究范式，对这趟跨界巡演的社会文化语境（context）进行细致入微的铺陈，希望以小见大，来揭示 20 世纪 20 年代中国与南洋互动的时空景象。

## 一、黎锦晖与中华歌舞团的诞生

1928 年，因国内局势动荡不安，黎锦晖开始筹备南洋巡演事宜。他重新组织并扩招了女学员，除了最知名的黎明晖，还招入了王人美、王人艺、薛玲仙和黎莉莉，这些青少年演员后来都成了民国时期最早最知名的一批电影明星。据黎锦晖回忆，为了准备好这场巡演，他专门苦心钻研了一批新的歌曲和舞蹈，修改并充实了以前的四套剧目。为了让毫无经验的学员对南洋巡演做足准备，黎锦晖专门邀请俄国侯爵夫人马索夫夫人教授学员舞蹈，请专业人士讲授外国风俗人情，传授社交礼仪。② 5 月，中华歌舞团从上海出发，借道香港在当地进行了试演，接着行旅至东南亚第一站新加坡，9 个月时间里，中华歌舞团经过吉隆坡、

---

① Jonas Daniel Vaughan, *The Manners and Customs of the Chinese of the Straits Settlements*, Oxford University Press, 1971, p. 52.

② 黎锦晖：《我与明月社（下）》，《文化史料丛刊 4》，第 207 – 209 页。

怡宝、槟榔屿、曼谷、马六甲、巴里峇达、巴达维亚、三宝垅、泗水、井里汶 、万隆、玛榔等南洋大小各埠，于1929年2月在荷属巴达维亚就地解散。解散后，黎锦晖因国内政局不稳定，滞留新加坡，不得不通过写新歌筹集生活费，直到1929年10月才返回上海。

首先，对中华歌舞团的研究离不开对其创始人黎锦晖的个人艺术生涯的梳理。学界对黎锦晖的研究成果非常丰富，对其认识分为两个阶段。其一，20世纪30年代至70年代以前，黎锦晖因其创造的《家庭爱情歌曲100首》被左翼文化人士批判为中国的“黄色音乐”和“靡靡之音”。① 其二，直到80年代以后，大陆学者开始为其正名，称赞其儿童歌舞剧表现了敢为人先的现代美学价值。② 而笔者对黎锦晖艺术价值的评判是与后者的观点一致的。首先，必须看到的是黎锦晖的歌舞思想受两方面的影响：一是他在北京时深受北大校长蔡元培“美育”思想的影响，并同时参与到当时五四知识分子提倡的“国语运动”中。二是黎锦晖南下上海，担任中华书局《小朋友》杂志的主编，于是，黎锦晖开始把“国语运动”更广泛地与音乐创作和出版行业结合起来。他在编写国语教材的同时，还进行儿童文艺创作，把音乐运用到国语教学中。③ 他主张新文学、新国语须与音乐，尤其是儿童音乐携手共进。他创作的大量儿童歌剧、歌舞及歌曲，例如《麻雀与小孩》《葡萄仙子》《神仙妹妹》《可怜的秋香》《月明之夜》等流传极广。他还组织了一支中西合璧的乐队，为上海各学校团体伴奏。1927年，有了办乐队的经验，黎锦晖开始琢磨办一所专门的歌舞学校，培养歌舞人才，于是便有了后来大名鼎鼎的“中华歌舞专门学校”（下文简称“歌专”）。为了办好歌专，黎锦晖邀请西方友人及留洋的好友前来授课，教授欧美现代舞和土风舞。④ 黎锦晖还与上海文艺界人士交好，常常一同观摩西方歌舞剧表演，这段经历对其后来发展中国儿童歌舞剧产生了巨大影响。他曾回忆道：人们在上海租界剧院里时常可以观摩到来自意大利、英国及俄罗斯的歌剧团的巡回演出。而他正是这场歌剧盛宴的参与者之一，他自己经常观摩的外国歌剧团包括意大利米兰大歌舞

---

① 黑天使：《中国歌舞短论》，《聂耳全集》，北京文艺出版社、人民音乐出版社，1985年，第48页。

② 孙继南：《黎锦晖评传》，人民音乐出版社，1993年。

③ 孙继南：《黎锦晖与黎派音乐》，上海音乐学院出版社，2007年，第16－19页。

④ 黎锦晖：《我与明月社（下）》，《文化史料丛刊4》，文史资料出版社，1980年，第116－117页。

团、美国但尼向古典歌舞团、法国邓肯舞蹈团和上海俄侨业余剧团。[①] 1926 年 12 月来上海表演的俄国邓肯芭蕾舞团团长邓肯女士曾说过："高大强大的身体，产生伟大的民族，狭小的身体，产生懦弱而限于一方的民族。"[②]邓肯女士把教育、舞蹈与民族国家的话语结合起来的理念，深深影响了黎锦晖，他希望创造一套属于中国人的歌舞，通过强大的、健美的身体来展现崛起的中华民族。

1927 年，第一次国共合作失败，国民党大肆逮捕左翼共产党人士，国内政治动荡，黎锦晖想要为歌舞事业寻求一个稳定的环境，萌生了组织中华歌舞团前去南洋巡演的想法。于是，黎锦晖将歌咏、舞蹈和歌舞剧组织到一起，编排成一场长达三个小时的综合的游艺会，并把整套表演带去了南洋。据南洋当地报纸的一则广告显示，中华歌舞团的节目可大致分成三类。第一类为音乐演奏，包括《天下同》《高山流水》《小桃红》等中国传统民间音乐，不同的地方在于演出加入了西方乐器合奏，比如小提琴，抑或用中国民族乐器演奏西洋乐曲，例如《葬花曲》，因此别有一般风味。[③] 第二类为国语歌唱，其中许多歌唱都融入了表演，例如《人面桃花》《太平年》。第三类是纯舞蹈表演，舞蹈表演采用西方现代舞的方式，吸收了艺术舞（包括芭蕾舞、现代舞、古典舞和土风舞）及形意舞，后者是一种形象与意识相结合的舞蹈，通过舞蹈动作表现情节。[④]第四类是融歌、舞、剧为一体的表演，包括《春天的快乐》《小小画家》《葡萄仙子》等经典剧目。[⑤]（图 1）在黎锦晖的儿童歌舞剧中，舞蹈动作和歌唱都根据故事情节来设计，旨在推动戏剧化叙事进程。[⑥] 这类儿童歌舞剧影响尤其深远，打破了中国传统的戏曲程式表演方式，让当时的观众大开眼界。

---

① 黎锦晖：《我与明月社（下）》，《文化史料丛刊 4》，第 124 页。

② 金涛：《健康的摹本？欲望的载体：20 世纪二三十年代上海少女歌舞团的兴起》，《娱悦大众：民国上海女性文化解读》，上海辞书出版社，2010 年，第 98 – 99 页。

③ 《中华舞蹈志》编辑委员会：《中华舞蹈志：上海卷》，学林出版社，2014 年，第 174 页。

④ 刁文、季金安：《上海群众文化志》，上海文化出版社，1999 年，第 270 页。

⑤ 《中华歌舞团艺术之花：黎明晖》，《叻报》（新加坡），1928 年 9 月 24 日。

⑥ 《上海文化艺术志》编纂委员会：《上海舞蹈舞剧志 · 上海歌剧志》，2001 年，第 142 – 144 页。

**图 1　中华歌舞团新加坡表演节目单**

（来源：《叻报》，1928 年 9 月 24 日）

## 二、普及国语，宣扬民族意识

在《我与明月社》中，黎锦晖回忆道："殖民政府不愿华侨推行国语，更不准个人搞国语统一活动，我想借艺术团体名义，进行调查，以便把自己这几年推行国语的工作，作一全面性的总结。"① 从这段自述中可以看出，黎锦晖选择下

① 黎锦晖：《我与明月社（下）》，《文化史料丛刊 4》，第 206 页。

南洋的直接动因是宣传民族主义，向海外华侨推行国语，普及民族主义意识。南洋在中国五四文人的凝视中，是一块文化沙漠。①黎锦晖是带着使命奔赴南洋的，他是开垦文化沙漠的“拓荒者”。中华歌舞团作为新文化和国语运动的代言人，肩负着为华侨教育界宣传祖国新兴的语言、文化与思想这一使命。向海外华侨宣传国语，普及国民意识这一目标在节目中得到了很好的体现。例如，中华歌舞团在第一站香港时，表演了《总理纪念歌》，用儿童合唱的形式，向香港的观众（包括平民和英国贵族）宣扬中华民族主义。这首歌以及类似主题的歌（《青天白日旗》）几乎是每场演出的必演节目。

南洋巡演期间，中华歌舞团积极同当地华侨学校取得联系，希望把国语教育的种子播撒在华语学校里。1928 年 8 月 10 日，曼谷《国民日报》刊载了曼谷一所潮州女校为中华歌舞团开设了欢迎会之事。会上，黎锦晖登台演讲，希望侨胞重视国语教育，随后由中华歌舞团演员表演了《卖花词》《麻雀与小孩》《可怜的秋香》等。“黎明晖亲身登台，其表情之细腻，歌声之嘹亮，音乐之节奏，无不动人，极受观者之赞赏。”② 事实证明，中华歌舞团倡导的以标准化的、统一的国语教授儿童歌曲，排演儿童歌舞剧的想法在南洋侨校中得到了热烈的响应。这与 20 世纪开始南洋侨校的日渐成熟和发展是密不可分的。早在 19 世纪，华侨社会领袖深感传承中华文化认同的必要性，开始在当地开办学堂和私塾，让华侨子女接受华文教育和思想。清末民初，康有为等人开始将现代学校的制度引入南洋华侨社会，至民国时期，国民政府加大了对侨校的资助，先后颁布约 50 项侨民教育的政策和法规，规范海外侨教。③ 南洋侨校纷纷采用中华书局和大众书局出版的教科书，从中国引进师资，培养侨胞的中国国民意识和爱国思想。黎锦晖将歌舞平民教育与国语运动结合起来的思想在侨校中得到了很好的继承和实践。南洋当地华侨学校纷纷效仿中华歌舞团的表演，例如，南洋北婆罗洲亚庇中华学校和南洋邦加烈港中华学校组织学生表演了《三蝴蝶》，邦加南榜下炉寮中华学校组织学生表演了《月明之夜》和《葡萄仙子》。④同时，黎锦晖创刊的《小朋

① 南治国：《中国现代小说南洋之旅》，新加坡国立大学中文系博士学位论文，2005 年，第 241 页。

② 《暹国记载一》，《国民日报》（曼谷），1928 年 8 月 10 日。

③ 庄国土：《从民族主义到爱国主义：1911—1941 年间南洋华侨对中国认同的变化》，《中山大学学报（社会科学版）》2000 年第 40 卷第 4 期，第 114 页。

④ 《表演照片》，《小朋友》1929 年第 328、353、355、361 期。

友》杂志在上海连续刊登了南洋儿童表演的歌舞照片，同时还加入了“南洋通讯”一栏，向上海的儿童读者介绍南洋的风俗文化。可以说，黎锦晖和中华歌舞团“下南洋”巡演开启了南洋华侨和上海读者的跨界对话。①

南洋不同的殖民地政府对中国的民族主义教育有着不同的态度，这点也通过黎锦晖下南洋巡演过程遇到殖民地不同程度的监管和审查中得到了印证。1920年以前，英殖民者对新马地区的华校采取“自由放任”态度，因此侨校在社团侨领的支持下得到了蓬勃发展。在较为宽松的环境下，中华歌舞团也得以多次进入侨校表演。泰国方面，泰国皇室颁布的《1919 私立学校法令》及后来的《1921 年义务教育法令》都企图对华校的增长加以控制。② 当中华歌舞团行旅至曼谷时，歌舞团联系到曼谷的黄魂学校③，据学校校长讲述，“暹罗（泰国）政府对华侨的文化教育活动，控制甚严。对出版物和课本进行审查自不必说，就是对个人行动，也暗中进行监视。所以知道你们来了，我们也不敢拜访”。果不其然，黎锦晖随后受到曼谷政府官员的审问，调查黄魂学校的事情。他不得不交代自己与校长是亲戚，见面谈的是家事，才躲过灾难。④荷兰殖民者对中国的民族主义在印度尼西亚的传播则更为警惕，荷印政府因忌惮华人日渐崛起的民族主义，于 1907 年策划在各埠创建 100 余所荷华学校，以吸引华侨子女入读，培养效忠于殖民帝国的认同，与中华民族主义相抗衡。⑤ 据黎锦晖描述，荷印政府对剧目的审查尤其严格，一些表达民族主义的歌曲一律禁止，包括一路走来非常受欢迎的《总理纪念歌》都被禁唱。⑥ 黎锦晖将这一经历改编后记载于他 1935 年出版的儿童小说《南洋旅行记》中，在小说中，他描述了荷印殖民政府对华人文教极尽打压：“荷兰政府压迫顶厉害，一点不如意，便将教员驱逐，将学校封闭。此外还有很多书也禁止小朋友们看。”⑦

① 《南洋通讯》，《小朋友》1929 年第 357 - 364 期。

② William G. Skinner, *Chinese Society in Thailand: An Analytical History*, Cornell University Press, 1957, p. 228.

③ 泰国华文学校，1927 年创办于曼谷，黄魂学校命名含义是“炎黄精粹，民族之魂”。

④ 黎锦晖：《我与明月社（下）》，《文化史料丛刊 4》，第 213 页。

⑤ 张小倩：《二十世纪初荷属东印度华侨认同嬗变及其影响研究》，《八桂侨刊》2019 年第 3 期，第 74 页。

⑥ 黎锦晖：《我与明月社（下）》，《文化史料丛刊 4》，第 214 页。

⑦ 黎锦晖：《南洋旅行记》，海豚出版社，2014 年。

图 2　南洋北婆罗洲亚庇中华学校表演《三蝴蝶》

（来源：《小朋友》1928 年第 328 期）

图 3　南洋邦加烈港中华学校歌舞团表演《三蝴蝶》

（来源：《小朋友》1928 年第 353 期）

图 4　南洋邦加南榜下炉寮中华学校表演《葡萄仙子》

（来源：《小朋友》1928 年第 355 期）

## 三、唱片公司的跨国网络与南洋经纪人

第一次世界大战的爆发刺激了欧洲国家对战争原材料的需求，南洋殖民地因盛产橡胶和锡矿等战略性物资，经济出现了前所未有的繁荣。战后殖民地经济的发展带来了文化的繁荣，跨国资本渗透南洋社会，传统的娱乐和流行文化开始呈

现工业化和商业化趋势。华人戏曲不仅在寺庙做酬神演出，而且开始进入西式剧院进行商业演出，例如，位于新加坡牛车水的梨春园。除了戏院林立，新加坡、马六甲和槟城等地还出现了综合性的游艺场，新加坡最早的游艺场是 1921 年建立的欢乐园，里面设有露天及室内影院、地方戏曲舞台、歌台舞厅、餐馆茶室、商铺相馆等。①

与此同时，跨国唱片公司进入南洋市场，以英国留声机公司的“狗牌”唱片和法国百代公司的“鸡牌”最为著名，这些新兴科技极大地改变了殖民地的声音景观和现代性。这些唱片公司利用港口城市便利的交通和开放的文化，在当地设立分销处，其中，新加坡便是他们在东南亚分销网络的中心，而上海是他们在大中华地区的中心，通过上海与新加坡两大中心的互动，他们进一步占据了大部分亚洲市场。南洋华侨社会便是跨国唱片公司商业资本运行的见证者。② 早在 1925 年，《南洋商报》的广告显示，新加坡华侨可以前往牛车水大马路 111 号的一家名为何昌悦的唱片行处买到上海百代制造的“鸡牌”唱片，标志着来自上海的“国产”声音通过唱片公司的跨国网络流入了南洋。这些唱片大多为华南侨胞最喜闻乐见的传统戏曲，比如京剧、广东粤剧、潮州戏、福建高甲戏等。③ 1928 年，在歌舞团出发之前，作为台柱的黎明晖已经录制了新兴的流行歌曲，并通过跨国的唱片公司和渠道与南洋的华侨见面了。据黎锦晖回忆，录制唱片是为了打开南洋市场，为即将开始的南洋巡演做宣传。黎锦晖选取了《落花流水》《人面桃花》，以及《明月之夜》《三蝴蝶》《麻雀与小孩》等十余种，由黎明晖主唱，上海大中华公司和百代唱片公司灌制，远销南洋各埠。④ 上海百代灌录并发行了黎明晖的新音乐，让南洋华侨接触到了祖国新兴的文化艺术——在新文化运动和上海都市文化孕育下的中西融合的声音。

中华歌舞团下南洋进行演出还涉及更加复杂的程序，包括办理入境凭证、担保人、当地住宿安排、与戏院签订合同等事宜。这便需要一位熟悉南洋社会、人

① Wong Yunn Chii, Tan Kar Lin, “Emergence of a Cosmopolitan Space for Culture and Consumption: The New World Amusement Park-Singapore (1923 – 70) in the inter-war Years”, *Inter-Asia Cultural Studies*, Vol. 4, Issue. 2, 2004, pp. 279 – 304.

② Tan Sooi Beng, “Negotiating ‘His Master's Voice’: Gramophone Music and Cosmopolitan Modernity in British Malaya in the 1930s and Early 1940s”, *Bijdragen tot de Taal-, Land-en Volkenkunde*, 2013 (169), p. 458.

③ 《新到鸡牌双面唱片》，《南洋商报》（新加坡），1925 年 6 月 16 日。

④ 孙继男：《黎锦晖与黎派音乐》，第 30 页。

脉资源丰富并乐于相助的中间人。这位关键的中间人便是新加坡爱国华侨商人刘廷枚。关于刘廷枚的信息，历史记载非常之少，我们只能尽量通过碎片式的记录来还原刘氏在这趟南洋巡演中扮演的角色。刘廷枚是一位新加坡爱国侨商，因为商业需求，经常来往上海与新加坡两地，遂有许多机会接触到上海的新式歌舞与音乐。据黎锦晖之子黎遂回忆："刘廷枚曾专程来上海观看歌专的歌舞表演，父亲发行的唱片和大姐主演的影片更是一部不落地欣赏收藏。"[①]黎锦晖遂邀请刘廷枚前来担任剧团的总务，负责解决赴新加坡的入境和经费问题。南洋方面，"新加坡大星娱乐公司经理何乐三君，震于黎氏大名，辗转托人介绍，言定此行包银可净得一万元，川资零用归大星公司担任"[②]。南洋之行是刘廷枚与新加坡大星公司共同促成的，刘氏代表中华歌舞团一方，而大星公司则代表南洋当地戏院一方。最后达成的协议也对黎锦晖及中华歌舞团非常有利。南洋戏院方面几乎包揽了所有的开支，让黎氏歌舞团毫无后顾之忧，而且表演收入的五成至七成都可以归剧团所有。[③] 1928 年 7 月 4 日，中华歌舞团在新加坡的维多利亚（大钟楼）戏院举行了首演，票价分为四等，分别为 4 元、3 元、2 元、1 元。在当时的新加坡新世界游艺场观看一场由马来人与菲律宾人表演的综艺秀的票价是 5 角至 1 元[④]；华人传统旧戏，比如粤剧的票价为 1 角至 4 角。可见，中华歌舞团的票价竟与在新加坡维多利亚戏院看一场意大利歌剧相同。

刘廷枚凭借其南洋背景，为中华歌舞团在英属马来亚各埠的演出争取到了最优的资源。据黎锦晖回忆，剧团初次登陆新加坡时，甚至有殖民地政府教育司的官员前来接应，免去了不少手续。马六甲的殖民地官员更是设宴款待剧团。[⑤] 当地华文《叻报》和英文报纸《马来亚论坛报》（*Malaya Tribune*）都对演出进行了大肆宣传。可以推测，这位名不见经传的刘氏在中华歌舞团巡演英属马来亚各埠的行旅中有着关键的作用。当剧团来到荷属印度尼西亚时，恰恰因为刘氏不再担任剧团总务，黎锦晖和剧团成员不熟悉当地情况，语言不通，多次被人中饱私囊，最终不得已提前解散剧团，结束巡演。

---

① 黎遂：《民国风华：我的父亲黎锦晖》，团结出版社，2010 年，第 79 页。

② 《黎明晖南来确讯》，《南洋商报》（新加坡），1928 年 6 月 6 日。

③ 黎锦晖：《我与明月社（下）》，《文化史料丛刊 4》，第 209 页。

④ "Amusements", *Malaya Tribune*, September 24, 1928.

⑤ 黎锦晖：《我与明月社（下）》，《文化史料丛刊 4》，第 213 页。

中文学术界对华人剧团在海外演出的研究大抵是置于中华文化在海外传播的历史框架之下，强调文化认同和华人性，甚少有研究从跨国剧团的视角关注文化流动背后的个体境遇及跨国网络编织的过程。近年来，越来越多的西方学者开始提倡历史研究的“文化转向”（cultural turn）和“全球转向”（global turn），要求学者从跨国的角度去解构文化的传播。尤其是表演艺术作为一种知识，是如何通过不同的网络进行生产、流动和传播，并对当地社会产生影响的。[①] 本文以上的论述借鉴了西方学者对跨国剧团研究的范式，将中华歌舞团作为一种新兴知识的载体，探讨了这趟旅程是如何在经理、企业家（商人）、跨国唱片公司构建的跨国网络下展开的。

## 四、多元杂糅：中华歌舞团与海峡华人的相遇

对南洋华人来说，中华歌舞团也给南洋的声音景观增添了几分奇异的色彩。长期以来，南洋华人社会内部不仅阶级分层明确，而且不同阶级的生活习惯与文化审美都十分迥异。20 世纪初，大多数的华人都是作为“猪仔”被贩运到南洋的。他们是殖民地社会的最底层，其主要的娱乐方式是去寺庙看“大戏”，[②] 或是去华人戏院看家乡来的戏班表演。华人的家乡戏曲并不能完全代表南洋的声音景观。南洋华人社会内部的复杂性，导致了其文化的多样性。在大规模华南人口作为廉价苦力来到英殖民地之前，南洋各地已经形成了数目可观的华人社会，这些华人被称作“土生华人”，因为他们经常来往于英属海峡殖民地（槟城、马六甲与新加坡）之间，所以也叫“海峡华人”（Straits Chinese）。不同于 20 世纪初的“猪仔”，这些华人大多为 15—17 世纪时来南洋从事贸易活动的商人与当地马来女子所生的后代，而他们的生活方式和语言亦已经马来化。他们身上展现了一种孕育于南洋的独特的多文化、多种族环境下的杂糅的文化身份（hybrid identity）。在殖民地政府看来，本土化的海峡华人有极大的利用价值，他们掌握了马来土著的语言，熟悉苏丹政治，并且在华人的商业帝国里举足轻重。于是，殖民者开始施行“以华治华”政策，他们拉拢这部分精英华人，通过设立女皇奖学

---

① Christopher Balme and Tracy C. Davis，“A cultural history of theatre：A Prospectus”，*Theatre Survey*，Vol. 56，No. 3，2015，pp. 402 - 420.

② 华人每到酬神时节，便会在华人的庙宇空地前面搭建戏台，上演华人的家乡戏，又被称为“大戏”。主要是来自南粤和福建地区的粤剧、潮州戏、海南戏和福建戏等。

金，承认海峡华人为大英帝国的臣民，鼓励他们前往英国学习深造，进一步加强“西化”。①

这群海峡华人对中华歌舞团的表演产生了共鸣。1927 年 7 月 4—9 日，新加坡的《马来亚论坛报》对中华歌舞团的表演进行了连续报道。《马来亚论坛报》创刊于 1914 年，主要在英属马来亚联邦及海峡殖民地发行，力图为受过英文教育的本土亚洲族裔提供公共的交流空间，其股东有华人大亨（如林文庆 Lim Boon Keng）、两位印度裔、一位亚欧混血和一位犹太名绅。与最大的华文报《南洋商报》主张的中华民族主义不同，这份报纸是南洋多元文化、多元种族的世界主义观照下的产物，宣扬的是基于南洋本土的、跨种族跨文化的身份认同。②

在一篇报道中，海峡华人将中华歌舞团的演员与望沙湾（Bangsawan）剧团的演员进行了对比：“从精神上与外形上来看，中华歌舞团的演员同我们的演员一样地优雅，从舞台戏剧性与技巧性来看，两者呈现出同等级别的精湛的演技。”在这里，我们必须把望沙湾这一独特的表演艺术纳入讨论范围。海峡华人不仅热衷于观看马来民间戏剧“望沙湾”，甚至自己组成了业余剧团在殖民地巡回演出。这是一种融合了马来语言、西方歌剧以及华人民间故事的综合歌舞表演。据载，望沙湾戏剧诞生于 19 世纪末期，最初，剧团用马来语吟唱印度斯坦歌曲（Hindustani），观众主要为南洋殖民地的印度裔（来自印度西北部），印度裔穆斯林、阿拉伯人及马来人。由于马来语也是海峡华人主要使用的语言，越来越多的峇峇（Babas）和娘惹（Nonyas）③ 开始组建他们自己的业余剧团在槟城和新加坡的游艺场表演。海峡华人在表演中加入西方元素，比如用小提琴和钢琴演奏荷兰和英国的民谣，引入充满异域色彩的夏威夷歌曲和舞蹈，模仿西方剧团的综艺秀（vaudeville），将歌、舞与剧逐渐融为一体。望沙湾剧团为了迎合南洋社会多种族多文化的观众群体，开始更多地汲取各个民族的文化题材故事，演出的轻喜剧涵盖了马来历史故事、中国民间故事以及现实题材的剧目。④不难发现，望

---

① 李元瑾：《从文化殖民的视角重读新加坡海峡华人的失根与寻根》，《华侨华人历史研究》2014 年第 6 期，第 16 页。

② Chua Ai Lin，“Nation，Race，and Language：Discussing transnational Identities in Colonial Singapore，circa 1930”，*Modern Asia Studies*，Vol. 46，No. 2，2012，p. 285.

③ 英属马来亚对海峡华人的本土化称谓，峇峇（Baba），指男性，娘惹（Nonyas），指女性。

④ Tan Sooi Beng，*Bangsawan：A Social and Stylistic History of Popular Malay Opera*，Oxford University Press，1993.

沙湾剧团的发展和上海中华歌舞团的历史轨迹如出一辙。他们都在与西方文明的相遇中，不断反思和探索适合自身多元文化的歌舞形式。由此可见，海峡华人之所以能够与中华歌舞团产生惺惺相惜的共鸣感，很大程度上是因为中华歌舞团如同一面镜子，映射了海峡华人自身文化中的本土性和多元化。

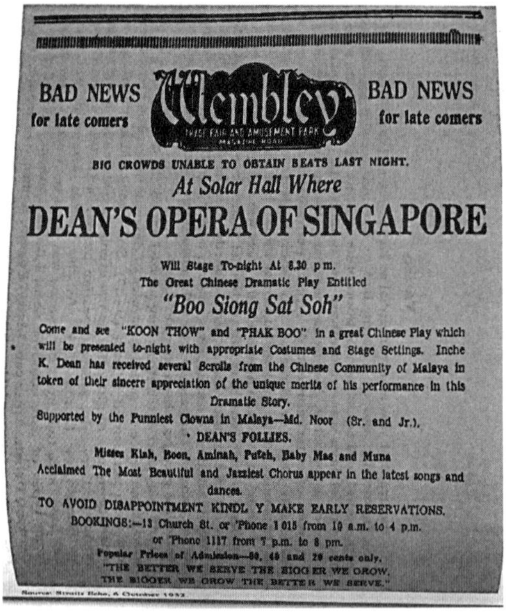


**图5 望沙湾剧团表演中国戏剧**

［来源：《海峡回声》（*Straits Echo*）（槟城），1932年10月6日］

海峡华人高度赞扬中华歌舞团的演出为“世界级的作品”，可与世界上任何一种文明的舞蹈相媲美，他们由此批评欧洲人对中国艺术的偏见，评论指出：“现代化的中国，和西方任何一个国家一样，都有着上等的、更高级的艺术。如果我们可以在不懂语言的前提下欣赏意大利歌剧，那么他们（欧洲人）也可以在不懂华语的前提下欣赏中华歌舞的艺术。”① 另一篇报道则批评了欧洲人对中国艺术的偏见。报道指出英属地的欧洲人因为长期接触到的都是中国来的社会底层，比如劳工和苦力，因此肤浅地认为中国文明不过如此。但是在观摩了中华歌舞团的表演之后，必定大为改观。

① “Chinese Opera Co. closing program at the Victoria Theatre”, *Malaya Tribune*, July 7, 1928.

在新加坡，时常可以看到华人的戏曲表演，但是它们很少吸引到欧洲观众。但是这个从上海来的剧团着实让我们大开眼界，她们的表演是我们在华人戏曲中从未见到过的……剧团的女主角黎明晖是一个现代的、充满魅力的年轻女郎……尽管她们唱的是我们听不懂的华语歌曲，但是她们的音乐和歌声是如此优雅动听，实在是在我们这里的华人歌舞中极少见到的。[①]

报道中的溢美之词要表达的并不是一种对西方文明的盲目崇拜——即只有一味地模仿、靠近西方歌剧艺术的才是高级的艺术，而认为应该把中华文化元素与西方歌剧形式相结合，这种艺术不是完全依赖于西方文化的，而是具有东方特色的世界艺术。要进一步理解海峡华人对中华歌舞团的评介，还应将这段相遇置于这个族群在世纪交替之际由“西化”过渡到“再华化”的历史中理解。20 世纪初，一些西化的海峡华人知识分子接受西方新思想洗礼后，回到殖民地，开始重新审视他们的族群，力求通过复兴传统中国文化，来推动海峡华人群体的现代化改革。一些学者（如李元瑾）认为，以林文庆为主导的知识分子提出复兴孔教运动是出于对族群文化失根的担忧，他们企图复兴中华文化，从传统中寻求现代性，使其可以和西方先进文化进行平等的对话。[②] 也有其他学者将文化复兴话语解释为海峡华人的政治诉求，20 世纪初，海峡华人的社会经济地位被大量涌入的中国移民（包括劳工与商人）大大削弱了。越来越多的新兴移民对海峡华人的领导地位提出了质疑，因为他们既不是纯正的英国臣民，又不是中国人，也不是马来人。而作为这三者的结合，海峡华人开始在殖民地与帝国之间探索自己的位置。如何在民族国家话语中找到自身的身份，保持并巩固自身的优势地位，便成了一项政治诉求。于是，海峡华人试图在保留他们从英殖民者身上继承的现代性的前提下，强化其身份认同中的中国性（Chineseness），来加强与中国文化和经济的联系。[③]

无论是哪种观点，我们都看出海峡华人复兴中华文化话语背后是对其杂糅的

---

① “Chinese Opera Opening Performance Tonight”, *Malaya Tribune*, July 4, 1928.

② 李元瑾：《从文化殖民的视角重读新加坡海峡华人的失根与寻根》，《华侨华人历史研究》2014 年第 6 期，第 19 页。

③ Teo, Karen M, *Schooling Diaspora: Women, Education, and the Overseas Chinese in British Malaya and Singapore*, 1850*s* – 1960*s*, Oxford University Press, 2018, p. 69.

文化身份认同的反思，“再华化”无疑是最佳的选择。中华歌舞团的表演代表着一个崛起的、现代化的民族国家，彰显了积极的、强大的“中国性”（Chineseness），这一点恰好满足了海峡华人通过“再华化”重新构建身份认同的需求。中华歌舞团表演借由这些评论，映射出海峡华人在中西文明话语下的困境与挣扎。

## 结　论

黎锦晖是中国流行音乐之父和中国儿童歌舞剧的鼻祖，他的音乐贡献和意义已被国内学者广为研究。但是，关于黎锦晖与中华歌舞团进行南洋巡演的历史很少被提及。究其原因，一方面，是因为黎锦晖作为中国近现代音乐史的代表，一直被置于中国民族国家的语境之中进行解读。另一方面，大部分研究黎锦晖艺术思想的学者从单一的音乐学角度进行阐释，对历史资料的使用有一定的局限性，因而无法很好地还原这段历史。从南洋华人社会方面看，因其演出仅仅持续了一年，影响力远没有后来的追随者（包括梅花歌舞团、银月歌舞团等）大，因此往往被忽略。事实上，中华歌舞团开辟了商业歌舞团跨国巡演的先河，尽管它最后以解散收场，但是给无数后来者树立了榜样，成为各商业艺术团体竞相模仿的对象。

本文通过民国中华歌舞团下南洋巡演的历史考察 20 世纪 20 年代中国与南洋文化互动的时空景象。首先，我们必须看到中华歌舞团南洋巡演的动机、目的和过程是由民国上海和殖民时期南洋两地的社会历史环境所决定的。这趟巡演最直接的动机是国民政府将南洋华侨纳入民族国家构建的一部分。中华歌舞团的演出既要推动统一化国语在海外侨胞的普及，来强化中国民族意识，又展现了中西融合、兼容并包的艺术哲思，以此向海外华人展示一个日渐强大的、崛起的现代化中国。其次，南洋在“一战”后经济腾飞，文化繁荣，娱乐市场的跨国化和工业化，为黎锦晖歌舞在南洋的传播奠定了物质基础。最后，文章论述了歌舞团在南洋的经历折射出了南洋异质的、多样的华人社会。黎锦晖最初希望歌舞团可以面向普通平民观众，但结果是歌舞表演在平民中并未产生影响，而是得到了精英阶层的海峡华人的喜爱，这层互动必须置于海峡华人自觉的“再华化”经历中去解读。

## China's Song and Dance Troupe and their Nanyang Performing Tours, 1928 -1929

**Abstract**: In May 1928, China's Song and Dance Troupe set off from Shanghai, stopped at Hong Kong for a trial show and continued its overseas performing tours in Nanyang. It toured its performances at various important ports and cities across Nanyang and returned from Singapore in October 1929. The scope and outreach of the trip reveals how a Chinese transnational theatre utilized overseas Chinese migration network to conduct performances across a variety of localities. The ways in which it operated the itineraries were revealing about transborder connectivity between China and Nanyang. In the journey, the troupe encountered the heterogeneous Nanyang society and formed diverse contact zones. This article discusses these encounters and contact zones through a comparative and cross-cultural perspective. I argue the Nanyang tours of China's Song and Dance Troupe needs to be examined together with overseas Chinese history, boundary-crossing of Chinese nationalism and cross-cultural interactions.

**Key words**: Li Jinhui, China's Song and Dance Troupe, Nanyang, Straits Chinese, transnational theatre

# 侨乡厦门的社会文化变迁：从晚清到民国

陈衍德*

**【摘　要】**五口通商开启了厦门以侨兴港、以侨立市的进程。五口中厦门"侨"的特色最为突出。从此，侨乡厦门的社会文化变迁一直在持续着，并向广度和深度拓展。弃农出洋经商固然使厦门的农耕文化受到冲击，但归侨也回乡尝试新的农业经营方式。民国以来，厦门与南洋各埠的联系逐渐追平甚至超过本岛与内地的联系。进入20世纪20年代，侨汇的挹注与侨资的涌入，以及华侨的频繁出入，开始改变厦门的城市风貌与社会风尚。华侨推动下的房地产开发和市政建设，使厦门迅速蜕变为近代城市，崭新的建筑构思与城市规划造就了新型的生活与营商环境。然而这些转变都是在民族传统精神内核的坚守之下实现的，"洋化"未能淹没"华化"。新闻出版、教育与卫生事业也因厦门与华侨的关系大为改观。华侨与归侨形塑了厦门的精神气质，文明开放内化是侨乡人民的心底渴求；超越一己、急公好义蔚为风尚。近代厦门的社会文化变迁，归结其源头，乃是一个"侨"字。

**【关键词】**侨乡；华侨；归侨；农耕；建筑；市政；社会文化；变迁；精神气质；近代化

---

* 作者简介：陈衍德，厦门大学历史系教授、博士生导师，从事中国社会经济史、华侨史的教学与研究。

## 一、历史回顾：厦门口岸的突出特点——以侨兴港、以侨立市

侨居的概念在中国古已有之。两晋之际北方各民族政权并立，征战频繁，北方汉人大量南迁，南方汉人政权遂于江淮、江南设立侨置郡县，分别安置来自北方同一祖籍地的移民。[①] 侨乡的概念是从历史中演化而来的，近代以来所谓的侨乡，就是当某地的总人口中出洋谋生者达到一定比例时，人们对此地的称呼，其社会特征是与海外的经济联系紧密，文化互动频繁，人员往返带动了两地相互影响的持久与深入，与非侨乡相比，其近代化、现代化程度更高。“这种原本意义上的侨乡是由本地居民的跨国迁徙而自然形成的，并非人为主观意志构建而来。”[②] 当侨乡由一个个乡镇的点逐渐连成片时，我们可以说侨乡区域已告形成。当然其中也是疏密相间，是一种非均质状态。值得注意的是，在成片的侨乡当中，有的点特别重要，在侨乡形成的自然历史过程中，它逐渐成为区域的中枢。对内它发挥着将各种与“侨”有关的资源辐射至区域内各地的作用，对外则发挥着侨乡与海外联系的桥梁作用。厦门就是这样的侨乡区域中枢。

与古代闽南经济区域的中心泉州相比，厦门的历史要短得多，但它却后来居上。从地理因素来看，泉州港与漳州月港的衰落，使海岛型港市厦门取而代之。“厦门港拥有无关潮汐大型汽船都能进出的水深，天候不良时亦很安全，同时能停泊数百艘船只，可说是由香港至中国北部的范围内首屈一指的良港。”[③] 从对外贸易来看，地处中国东南海岸线中点的厦门，17 世纪中叶因郑氏政权抗清的需要而凸显其重要地位，成为郑氏对外贸易的集散地，特别是台湾被郑成功收复后，厦门与台湾互为犄角，上通日本下通南洋，特殊的政治形势成就了厦门对外贸易港口的无可替代之历史角色。虽然这样的态势为时不长，但日后的发展证明这一时期为近代厦门城市的形成奠定了基础。外贸与航运密不可分。从此，整个闽南区域的外出移民与返乡华侨无可选择地从厦门口岸出入。厦门侨乡中枢地位的确立与厦门港的最终形成互为促进，成为历史发展进程的一体两面。

---

① 《晋书》卷十五《地理下》：“自中原乱离，遗黎南渡，并侨置牧司在广陵、丹徒南城，非旧土也。及胡寇南侵，淮南百姓皆渡江。成帝初……百姓南渡转多，乃于江南侨立淮南郡及诸县……孝武宁康二年……侨立上党郡为四县，寄居芜湖。”

② 袁丁：《跨国移民与近代广东侨乡》，中华书局，2019 年，第 2 页。

③ ［日］村上卫著，王诗伦译：《海洋史上的近代中国：福建人的活动与英国、清朝的因应》，社会科学文献出版社，2016 年，第 31 页。

然而以海港为依托的厦门城市发展并非一帆风顺。1842 年《南京条约》签订后实施五口通商，“洋商对于新辟之商埠，期望颇奢，惟宁波、福州、厦门三处开埠后，贸易状况反使人异常失望，殊出意表”①。厦门的经济规模在通商五口中是最小的，经济腹地狭小，几乎没有本地工业。如果不是侨的因素，根本无法跻身于稍有名气的沿海港市之列。五口通商后，中国的对外贸易中心逐步从广州向上海转移，广州对外贸易的绝对值开始下滑。厦门距上海比广州更远，此点亦有影响。厦门不仅无法与上海、广州相比，甚至连宁波、福州也比不上。但“侨”的因素弥补了厦门的先天不足。“闽西南外货之输入及土产之输出，倚此为枢纽”，而经营厦门进出口贸易者，其业务对象很多是海外华商；“益于泉、漳华侨之赴外及返国者，均须起息于此”②，他们在厦门有巨大的消费力。侨乡厦门，在近代中国沿海经济起步阶段虽略逊一筹，却有其发展潜力，它在下一阶段中将逐步显现。

1881 年可能是厦门港发展的一个转折点。这一年，无论是进出人口数还是贸易与税收总额，都创历史新高。③ 虽然此后的各项指标仍有反复，但向上发展的势头大致不变，直至民国时期。著名学者张仲礼总结通商五口港市的特点：“广州靠南洋，厦门靠华侨，福州靠腹地，上海则各方面兼而有之。”④ 五口中厦门“侨”的特色最为突出。“在广州，华侨资本对广州的投资占整个广东省的 37% 以上，即超过 1/3”⑤，与此相比，在厦门，“从 1875 年到 1949 年的 74 年中”，华侨投资“占近代华侨在福建投资的 62.88%，占全国的 12.49%。如果以城市为单位来比较，那华侨在厦门的投资是列第一位的”⑥。厦门以侨兴港、以侨立市，由此可见一斑。进入 20 世纪 20 年代，侨汇的挹注与侨资的涌入，以及华侨的频繁出入，开始改变厦门的城市面貌与社会风尚。从此侨乡厦门的社会文

---

① 班思德编：《最近百年中国对外贸易史》（中文本），转引自马敏、朱英：《中国经济通史》第八卷（下册），湖南人民出版社，2002 年，第 49 页。

② 厦门市地方志编纂委员会办公室整理：《民国厦门市志》卷十七《实业志·商业》，第 423 页。

③ （英文本）海关税务司许妥玛撰，（中文本）戴一峰译：《海关十年报告之一，1882—1891》，厦门市志编纂委员会、厦门海关志编委会：《近代厦门社会经济概况》，鹭江出版社，1990 年，第 263 页。

④ 张仲礼主编：《东南沿海城市与中国近代化》，上海人民出版社，1996 年，第 23－24 页。按：宁波与福州情况类似。

⑤ 张仲礼主编：《东南沿海城市与中国近代化》，第 15 页。

⑥ 林金枝：《近代华侨在厦门投资概况及其作用（1875—1949 年）》，厦门市档案局、厦门市档案馆编：《近代厦门经济档案资料》，厦门大学出版社，1997 年，第 627 页。

化变迁加速行进，并向广度和深度拓展。

## 二、移民、侨汇、新式农场多重影响下的厦门农耕文明

农耕文明的畸变是近代侨乡社会文化的一个特点。重农是中国悠久的传统，但沿海与内陆有所不同，尤其是大陆边缘的海岛，农耕文明生成较晚，常常是农渔并存且以渔为主，较易遭受人口外迁与弃农经商这两股潮流的冲击。厦门岛开发较迟，虽然唐宋时期就有民众从大陆迁居岛上，但直到明朝在本岛设立海防机构“中左所”，居民人数才有明显增长。清末民初厦门商业街区开始形成，但局限于岛内西南一隅，本岛大部分仍为乡村。日军占领厦门之前，“禾山为本市农业区域”，“农户有八千余户，出产以稻谷、番薯、蔬菜等为大宗”，直至战后情况依旧，农产品“唯因耕地狭少，除该区自给外，销入市区为数无多”。[①] 供给市民的农产品大多仰赖外地输入。

笔者曾于20世纪90年代初对厦门岛12个自然村的归侨、侨眷进行了调查采访。当时城市化刚起步，传统乡村的自然与人文景观基本未变，乡间的淳朴民风依旧。在体验乡村原初环境的同时，笔者也得到大体真实的第一手材料。在回答民国时期人均占有耕地、本户拥有耕地、土地耕种情况三个问题时，23位受访人虽仅有少数提供了有一定伸缩范围的数字，但仍弥足珍贵。4位受访者称，所在村落的人均耕地分别为2亩、7～8分、2亩、1.1亩；9位受访者称，本户拥有的耕地分别为10多亩、40～50亩、20多亩、约10亩、5～6亩、10多亩、20多亩、数十亩、4～5亩。至于土地如何耕种，做出回答的8位受访者当中，自种者仅1位，雇工经营者2位，让亲友耕种者3位，出租者2位。上述三个问题又与以下两个问题密切相关：侨汇收入数目与侨汇是否成为家庭主要收入。在回答前一个问题时，有5位受访者称每月收到的侨汇金额分别为几十元（法币）、50美元、200～300银圆、20～30银圆、100～200银圆；有一位称每月或不定期收到侨汇但数目不详；另一位称每月或数月收到侨汇但数目亦不详。在回答后一个问题时，有5位称侨汇为家庭收入主要来源；有3位称侨汇并非收入主要来源；另一位则称，既靠侨汇也靠种地维持生活。同为本次调查采访，回答本户是

---

① 厦门市地方志编纂委员会办公室整理：《民国厦门市志》卷十七《实业志·农业》，第415－416页。按：厦门本岛面积约为141.09平方公里（含鼓浪屿）。

否从事副业或非农业经营这一问题时，有 5 人明确肯定，并具体列出经营项目：一人在市区开设酒店、一人经营果园、一人兼业小贩、一人经营茶馆，另有一人出租房产。[①]

虽然上述样本偏少，但本次调查范围遍布全岛，并且是在侨务部门及当地侨联协助配合下，选择了具有代表性的归侨、侨眷较为集中的村落。如将调查所得与文献记载相互印证，则大体上可以得出较为接近历史事实的结论。《民国厦门市志》曰："禾山农民在战前生活本甚俭朴，唯对生产不甚努力，盖因旅外华侨甚众，居民多恃侨汇以维持。"[②] 从而明确指出了厦门岛农业基础薄弱及其原因之所在。如若往前追溯，在 20 世纪最初 10 年，包括厦门在内的闽南因劳动力出洋谋生而导致的农业衰败已引起注意。一份此间的《海关十年报告》说："离开和返回的人数间的差额，形成了对本地人口的劳动力部分的一个严重搜括。荒芜的田野和遗弃的家园就是证明"；"留在这些村庄的主要是妇女、孩子和较年迈的人"。[③] 留下来的人们依靠侨汇为生便十分寻常。笔者在早年的相关研究中，根据史料推算出厦门（含市区与乡村）每户侨眷平均每年收到的侨汇金额为 486.75 美元至 508 美元（时间约在 20 世纪 20—40 年代），[④] 这笔收入远高于同期一般民众维持基本生活的费用。地方志书将乡民不愿勠力农耕归咎于依赖侨汇，外籍人士撰写的报告也指出移民与侨乡农业衰落之间的因果关系。简言之，厦门乡民中以侨汇为主要收入来源者众多，另有一些则以侨汇为其收入的重要补充。这与本次调查的结果是相符的。

再者，有研究者指出，晚清"每个人维持最低生活水平需要 4 亩耕地。可是，1812 年的数据显示福建人均 0.93 亩——远低于需求边际。泉漳二府的情况可能更糟，因为其清代的人地比率总是被认为远低于别的府"[⑤]。闽南地狭人稠

---

① 调查时间为 1991 年 11 月至 1992 年 2 月，这 12 个自然村是后坑、祥店、寨上、高林、钟宅、仙岳、莲坂、吕厝、殿前、何厝、前埔、岭兜。参见拙文《民国时期华侨在厦门经济生活中的作用》，《中国社会经济史研究》2000 年第 2 期。

② 厦门市地方志编纂委员会办公室整理：《民国厦门市志》卷十七《实业志·农业》，第 416 页。

③ （英文本）海关税务司巴尔撰，（中文本）戴一峰译：《厦门海关十年报告之三，1902—1911》，厦门市志编纂委员会、厦门海关志编委会：《近代厦门社会经济概况》，第 358 页。

④ 参见拙文《民国时期华侨在厦门经济生活中的作用》，《中国社会经济史研究》2000 年第 2 期。在此文中，笔者还粗略地估算，厦门城乡的归侨、侨眷人数约占本地总人口的 15%，并指出这是比较保守的数字，实际比例很可能高于此。至于此间厦门的总人口数，直至 20 世纪 70 年代，本岛（含鼓浪屿）的人口均未越过 20 万，更早时自然不会比此数更多。

⑤ ［新］吴振强著，詹朝霞、胡舒扬译：《厦门的兴起》，厦门大学出版社，2018 年，第 26－27 页。

较他处为重，厦门岛人地比例不平衡或许更甚。[1] 而本次调查显示，归侨和侨眷的户均占有耕地远多于本地户均耕地，以侨汇收入之一部分购入土地当是其重要原因。这些占有土地较他人为多的归侨和侨眷，自种土地的比例却很小。本次调查显示，他们中的相当部分已蜕变为半农半商，或者成为有闲阶级、半有闲阶级。调查访谈材料显示，民国时期的禾山祥店村，是厦门岛上有名的富裕村，乡民多靠侨汇生活，尤其是女眷，终日闲来无事，以打麻将消磨时光，此举且得到村中族长的鼓励，认为这样可以将她们拴在村中，以免到外头干出伤风败俗之事。[2] 相对而言，经商算是正道。当然，将侨汇用于建造房屋也是此种收入的重要用途。闽南语称之为“起大厝”的建房，乃是人生中一件大事，有些华侨为完善营建还赶回家乡亲自督造。从人文景观上看，侨眷与非侨眷的住房确有区别。总之，田野调查和文本资料都显示，侨乡厦门的农耕文化在晚清至民国已经发生了与传统渐行渐远的变化。

传统农耕文化受到冲击的同时，新的因素也产生了。近代以来，中国农业经营有了某些变化，“出现了过去所没有的新式农垦公司，表明中国传统的农业向近代农业迈出了重要一步”[3]。厦门岛内即有此类事例。后坑村叶朝君于1888年赴菲律宾谋生，发家致富后决心改变家乡面貌。1927—1928年他向旅居南洋及中国港台的祖籍禾山后坑人士倡议并筹款发展家乡农业，以旅菲华侨为主组建了“侯卿农牧股份有限公司”。在数万银圆的资本中，叶氏本人的股金占了一半以上。1931年公司向政府登记注册，正式成立。叶氏被推举为公司董事长。该公司拥有土地100多亩，主要种植荔枝、龙眼、桃、李等水果以及花生等油料作物，还从事农产品加工等多种经营。叶氏为了公司的经营多次返乡，还先后聘请了两位旅菲叶姓宗亲为经理。由于经营有方，公司获得赢利，带动了本乡宗亲纷纷入股。厦门沦陷期间公司产业遭到掠夺破坏，营业终止。战后叶氏委派其子叶连裕回乡重新开业，经营至1949年为止。[4] 由此可见，传统农耕文明并未遭到彻

① 厦门岛乡村地区人口流动较内地为甚，人地比率似不像闽南各地那般严峻，如沦陷于日军的7年间（1938—1945），许多村民逃往内陆，人均土地有所增加，战后并未在短期内恢复至战前状况，故此处用“不平衡”来表述。

② 陈衍德：《祥店村黄必朗访谈录》，1991年12月13日，福建厦门。

③ 马敏、朱英：《中国经济通史》第八卷（下册），第489页。

④ 陈衍德：《热心公益事业的实业家——叶朝君》，厦门市湖里区政协文史委员会编：《湖里文史资料》第2辑，1997年，第65－67页。此文参考了笔者《后坑村叶福伟、叶清河访谈录》，1991年11月29日。按：后坑村旧名侯卿。

底破坏，原有的乡族宗亲关系在获得了海外新的动力之后，焕发出生机，这是侨乡特有的优势。新的生产关系与经营方式在旧的土地上发芽生长了。在讨论华侨对侨乡文明的贡献中，对旧有农业文明的改造应当获得一席之地。

## 三、中外、华洋融合式华侨邸宅引领厦门建筑风貌

城市风貌直观地反映在建筑上。厦门是19世纪末20世纪初“西方—南洋”混合建筑风格浸漫东亚大陆的关键节点之一。虽然这一传播链始发于西方势力的渗入，但越到后来华侨越是扮演了主要传播者的角色。华侨在海外既将原乡的建筑形式移植到侨居地，又融合了西方与南洋土著的建筑样式。之后华侨或归侨又将侨居地的多元融合式建筑引入侨乡，从而改变了侨乡厦门的城市风貌。厦门开埠后形成了本岛海后滩的英租界与鼓浪屿的公共租界，西式建筑首先在此二地兴起。这种西式建筑并非源于欧洲本土，而是西方殖民者为适应南亚、东南亚的热带气候加以改造而成的，往往被称为“殖民地外廊式”，亦即建造一种回廊环绕式房屋，以收遮阳隔热之效。这种建筑样式当然会起到激发厦门建筑风格改变的作用。但更重要的是，事业有成返乡的华侨结合他们在南洋的生活经验，对此再次加以改造，使他们在侨乡兴建的住宅楼成为中西合璧式的兼具中外古典美的新式建筑。

《日本近代建筑》一书在谈到长崎的“古拉巴邸”时，将此建筑的房间所采取的“三叶草形”（房间三面向外）设计与“在中国鼓浪屿外国人居留地上的汇丰银行支店长邸（19世纪70年代）”[①] 的同样设计联系起来。无独有偶，《台湾建筑史》一书在谈及清咸丰年间台湾4个口岸开放后出现的外廊式建筑时，也指出其与广州、厦门的同类型建筑之共同点为“砖石结构，回廊以砖砌成连续的半圆拱”[②] 等。这些论述都表明，东亚各地在19世纪下半叶都受到了来自南洋的西式建筑文化之影响。因此，讨论侨乡厦门在这方面的变化时，将其置于东亚地缘关系中与他处进行比较，可更易于发现其地方特色。华侨在厦门兴建的“洋楼”（闽南语称为“番仔楼”），其源头虽为西方建筑变体的热带殖民样式，但华侨在习得其精要后，很快就掺入了大量中国传统元素。虽然日式洋楼当中也有许

---

① ［日］藤森照信著，黄俊铭译：《日本近代建筑》，山东人民出版社，2010年，第26－27页。

② 李乾朗：《台湾建筑史》，五南图书出版股份有限公司，2008年，第104、108页。

多日本设计师与工匠的创新，但它们多为公共建筑而非私宅，在“土洋结合”的精致方面可能略逊一筹。此其一。华侨在厦门兴建的住宅楼之密集度乃世所罕见，厦门市区与鼓浪屿合计超过5 000幢，仅就鼓浪屿而言，在这个面积不到2平方公里的小岛上，华侨住宅竟超过1 000幢。即便将比较范围扩大到全球，也很难找到哪个国家的旅外侨民能回乡兴建如此高密度的住宅楼。此其二。

早期闽南华侨回乡建房的地点往往选择在祖籍地的乡镇，但民国建立之后的一二十年间闽南匪患严重，加之军阀混战，于是他们纷纷选择相对安全的厦门建造住宅。这样，非厦门籍华侨在厦门岛的新建住宅便远多于厦门本地华侨的住宅，后者多在本岛郊乡原居地建房，且多为传统闽南“大厝”而非新式洋楼，即便洋楼也只是零散分布，远非市区那般密集。从时间上来看，“近代鼓浪屿华侨洋楼的兴建时间略早于闽南侨乡的大部分地区”①，可谓开风气之先。这不得不归因于鼓浪屿的洋式建筑之示范效应与公共租界的特殊地位。1902—1911年，“在鼓浪屿，最好的大厦是属于那些有幸在西贡、海峡殖民地、马尼拉和台湾发迹的商人后裔所有”②。华侨早先乃是直接买下已建好的洋楼，后来则聘请设计师、雇佣工匠，甚而从海外带回图纸，直至自筹建材，按照自己的生活意愿与审美情趣，建造中西合璧式的洋楼。

鼓浪屿别墅（今人所起的雅号）集中体现了20世纪20—30年代侨乡厦门所追求的高尚生活品质与高雅情操。这个千幢别墅群，从社会文化的角度来看，乃是传统与现代交融的产物。从外表来看，它们“大多西式装饰工艺精致，外墙立面常用西式山花、水平饰带、柱头、浅塑浮雕等装饰，外廓采用砖砌拱券、压檐栏杆等，而百叶窗、百叶门为常见的门窗形式”③。但是仔细品味，可以发现其中蕴含着许多中国传统元素。如从印尼归来的华侨巨商黄奕住（祖籍南安）的黄家别墅，“虽然为东西向的对称布局，但在平面功能安排中显然根据当地的气候特点，依照传统南北朝向的布局习惯做出调整，南北两面都增加了大面积的开窗，以利于通风采光”④。坐北朝南是中国传统民居的通则，黄家别墅因地形关

① 陈志宏：《闽南近代建筑》，中国建筑工业出版社，2012年，第56页。

② （英文本）海关税务司巴尔撰，（中文本）戴一峰译：《厦门海关十年报告之三，1902—1911》，厦门市志编纂委员会、厦门海关志编委会：《近代厦门社会经济概况》，第359页。

③ 陈志宏：《闽南近代建筑》，第56页。

④ 陈志宏：《闽南近代建筑》，第58页。

系不得不东西展开，但仍调整布局使南北朝向的意趣蕴含其中。

鼓浪屿别墅数量众多，其造型却各异，不会给人以单调重复之感。然而，熔中外古典美于一炉，则是普遍的原则。如菲律宾华侨黄秀烺、黄念忆（祖籍均为晋江）以巨资建造的“海天堂构”五座别墅，坐落在中轴线正中的主楼，为仿古大屋顶宫殿式建筑，但外墙正面又吸收了“殖民地外廊式”的构造元素。其余四座别墅对称分布于中轴线两侧，“采用古希腊柱式，窗饰大多为西洋风格，但墙面与转角又是中国雕饰”①。笔者多次到过这一别墅群，那种身临其境的感觉是难以从文字、图片中获得的。值得注意的是，鼓浪屿别墅无论外表如何，从其内部总会找到厅堂居中、两厢房间分列左右的中式布局。从室内装饰中也可找到许多中式元素，如厅堂正面大都挂有巨幅卷轴绘画或书法作品，卧室内的床榻等家具也有不少是中式的。透过华侨宅邸的里里外外，不正可以窥见其主人的内心吗？一方面是中外、华洋融会贯通，另一方面则是传统观念潜藏深处。这些都有意无意地影响着侨乡文化的走向。

笔者着重讨论华侨所建洋楼，并非忽略乡间的旧式大厝，它们也构成厦门华侨建筑的一部分。早年华侨大多于少年时代就出国了，但童年的家乡记忆却终生难忘。而出生于侨居地的华裔少年，也不少有回乡读书的经历，故乡同样给他们留下深刻印象。若有朝一日到岛内市区建造洋楼，旧厝的记忆和印象就会体现出来。即便不这样做，旧厝的模样也常常魂牵梦绕。笔者于 1993 年在菲律宾宿务与一位禾山籍人士陈耀珍进行了交谈，这位 1921 年在菲律宾出生、1931—1937 年曾回乡读书的长者，对其父在禾山吕厝村兴建的两层大厝难以忘怀，特别念念不忘的是大门前的一对石狮，一再说此生最大心愿便是找回丢失的石狮并将其运到宿务来。② 无独有偶，笔者于 2005 年在马来西亚槟城巧遇华裔学者张少宽，在他赠予的著作中，谈到槟城有不少寺庙、宗祠门前有石狮的摆设，且通常以进口的泉州青石雕琢而成。③ 巧合的是宿务与槟城都是厦门的姊妹城市，这说明了什么呢？多维视野下的侨乡建筑文化，在其万花筒般的变幻莫测中，还是潜藏着故乡与侨居地的心灵沟通的。

---

① 何丙仲主编：《鼓浪屿华侨》，厦门大学出版社，2017 年，第 107 页。

② 陈衍德：《宿务市陈耀珍访谈录》，1993 年 1 月 11 日，菲律宾宿务。

③ 张少宽：《槟榔屿华人史话续编》，南洋田野研究室，2003 年，第 294 页。

## 四、厦门商业文化提升的突出因素——华侨投资市政建设

如果说华侨投资住宅建设是在私人空间展开的自利行为，那么华侨投资市政建设则是在公共空间展开的利他行为，虽然后者也有从中获利的驱动力，但客观上有益于市民生活环境的改善，有利于城市设施的公益性、便利性之提升。从侨乡厦门社会文化变迁的角度来考察，市政建设的影响大于私宅建设。而华侨对厦门市政建设的贡献是众所周知的。

民国时期厦门市政建设的主要推动者之一林尔嘉，身兼福建省华侨会总裁、厦门市政会会长等要职，在海内外有很高的声望。他与其他地方著名人士，包括来厦定居的南洋华侨巨商，如黄奕住等人，“倡议开山填海，以改造市容，并发动本地殷商巨贾与海外华侨投资建设，城市改造工程分为新辟马路、修筑堤岸、填河造地、拓展新区和修建公园等几大部分齐头并进”①。在此推动下，市政建设成绩斐然。

1927—1932 年是厦门市政建设的高潮，也是其丰收期。“这六年间，厦门市区共建主干道 46 条 72 公里，支路 13 公里”，“其中骑楼商业街近 30 条，沿海堤岸、新区和公园等项目齐头并进，并建菜市场 7 座、公厕 10 座，一扫厦门往日‘垃圾商埠’的形象，基本奠定了当今城市的格局”。② 而在此之前就建成了“厦门第一条近代化马路，取名‘开元路’”。“此路仿英国‘麦嘉顿’式，两旁建南洋骑楼式的人行道，一可遮阳，二能避雨。该路长 700 米，车行道 9.1 米，两旁人行道各 2.4 米。1924 年 3 月 1 日起，通行人力车。1926 年铺水泥混凝土路面。”③ 此后的商业街皆以开元路为模式而建。那么，城市改造之前的厦门是什么样子呢？进行前后对比显然是必要的。

兹举一则私人日记，以窥 20 世纪 20 年代中期厦门市政之一斑。日记作者方钟徵为闽南籍人士，赴国外留学后返回故乡云霄前，途经厦门。日记中写道：“余离厦门两年于兹矣……故未抵厦时，理想中充满一街衢宏壮整洁，饮料清鲜之厦门，不复如前之臭秽不堪，混浊难尝者。及身登厦岸，竟有大谬不然者！马路一道……两侧之经营而仅具雏形，高低不平，一遇雨天，仍泥泞塞途……海岸

---

① 陈志宏：《闽南近代建筑》，2012 年，第 27 页。
② 陈志宏：《闽南近代建筑》，2012 年，第 28 页。
③ 厦门城市建设志编委会：《厦门城市建设志》，鹭江出版社，1992 年，第 123 页。

不加修整，绝无一便利码头可以上下旅客、货物，街市狭小污秽，以是遂使商务不易起色……”[①] 然而仅仅数年之后，市容大变，市区沿海堤岸建成后，海后滩成为海后路，轮船可以直接靠岸，数个上下便利的码头随之出现；开元路、大同路、中山路等骑楼商业街亦先后开拓建成；中山公园也大体完工……前后对比，变化至为明显。

这里要特别谈谈骑楼。骑楼（Veranda）是一种底层有廊道可行人的沿街店屋式建筑，最早出现在英属印度，之后传入南洋，而后再由广州、海口、台湾三条路径传至中国大陆东南沿海各口岸，并在各地形成了骑楼街区（Veranda House Districts）。[②] 骑楼长廊通道的建筑结构，能使廊道内的温度低于外部道路，但又略高于骑楼底层商铺，从而形成热压差，将室内冷空气吸出形成微气流，让人们在闷热无风时也能感受到凉爽的微风。这种建筑样式特别适合于热带和亚热带的城镇街区之规划与建设。

彼时拓建的厦门商业街两边均为骑楼，华侨则扮演了此种建筑样式传播者的角色。何以见之？笔者于1993年在宿务考察华人社区时，曾到过一条该市的主要商业街，前往参访一家已有三代经营历史的华人商家“金顺昌”，并与店主黄泰岳进行了交谈。[③] 其所在街区即为骑楼街区，并且看起来饱经沧桑，已显得有些破旧，其存在岁月悠久之状显而易见。再者，“槟城的华人骑楼街区则是东南亚最大的骑楼街区，中式祠堂、庙宇和商店，高密度的建筑，一条条狭窄的商业街，述说着城市的历史和文化”。[④] 这也是笔者于2005年在槟城亲眼所见。这里再次出现了与厦门关系密切的这两个南洋商埠的名字，绝非偶然。它们在历史上曾是厦门（乃至整个闽南）华侨最为集中的城市。这难道不可以说明，正是华侨将骑楼这种建筑样式传入自己家乡的吗？虽然特定的侨居地与侨乡之间并不一定是直接传播的关系，但华侨作为主要传播者则可以肯定。

那么，骑楼是如何改变厦门的商业文化呢？骑楼“与街区居民商住合一、经

---

① 张耀堂：《20年代闽南经济状况见闻——摘自〈心花日记、归途一瞥〉》，《云霄文史资料》第10辑，1990年，第41－42页。该文编者按说，此册日记系厦门大学叶国庆教授于1987年在旧货市场上发现并购得，之后赠予云霄县地方志编纂委员会。该日记起讫时间为民国十二年（1923）夏至民国十四年（1925）春，共78页。此处所引为该日记首篇《归途一瞥——闽南沿海数县之经济概况》。

② 陈玉等：《文化的烙印：东南亚城市风貌与特色》，东南大学出版社，2008年，第116－117页。

③ 陈衍德：《宿务市黄泰岳访谈录》，1993年1月12日，菲律宾宿务。

④ 陈玉等：《文化的烙印：东南亚城市风貌与特色》，第116页。

商为重的生活方式相适应”，从而提高了商家的经营效率。“通过规划意识的影响而形成的骑楼连廊”，“衍生出了新的使用功能与形式。商业沿街线性连续，部分商业活动甚至延伸至连廊。除了骑楼店面之外，还吸引着周围商家在连廊上摆摊设点，使得沿街的商业氛围更为浓厚”，① 从而营造了良好的购物环境。此前厦门商家小而乱，简陋而不整洁。厦门市政建设高峰期的骑楼商业街拓建，是规划性与人性化结合的产物。从营商者的角度来看，实现了居住与工作的平衡；从消费者的角度来看，则充分满足了购物的享受和愉悦。特别是那些地处十字路口、占尽地利的著名商家，充分利用其优势，赢得了众多消费者的青睐。如地处大同路与横竹路交叉口的民国时期厦门最大的绸布店——同英布店，其地处骑楼中心街区的优越性是十分明显的，因此长期营销繁盛。绸布是华侨返乡馈赠亲友的主要礼品，据调查，归国华侨购买绸布金额人均约为 15 美元。“根据同英布店账户，其零售业务 60% 销给本市，40% 销给流动人口。”② 而过往华侨既是流动人口的最大部分，也是购买力最强的部分，同英布店获利之丰厚可以想见。骑楼这种建筑样式确实在一定程度上改变了厦门的商业文化。从外廊式邸宅到骑楼商业街，处处可见华侨“洋为中用”的巧思，堪称贡献良多。

综而观之，华侨推动下的房地产开发和市政建设，使厦门迅速蜕变为近代城市，崭新的建筑构思与城市规划造就了新型的生活与营商环境。然而这些转变都是在民族传统精神内核的坚守之下实现的，“洋化”并未淹没“华化”。

## 五、华侨推动厦门社会全方位进步——教育、出版、医疗的新气象

教育、新闻出版、医疗卫生等社会事业的发展，是衡量侨乡社会文化变迁的重要指标。历史上厦门的教育事业与省城福州及传统的闽南文化中心泉州相比，差距可谓十万八千里。但自厦门开埠以来，这方面的差距缩小了。特别是新式教育的兴起，使原本为应试科考而存在的传统教育受到冲击，传统教育基础薄弱的厦门反而获得了转型的优势。“厦门官立中学堂开办于 1906 年 9 月……在读学生从它开办时的 60 名增加到 1911 年的 215 名。讲授的课程科目为：生理学、历史、植物学、中国语文、数学、体育、伦理、地理、音乐、绘画和英语。”

---

① 陈玉等：《文化的烙印：东南亚城市风貌与特色》，第 120、124 页。

② 《厦门绸布商业》编写组：《厦门的绸布商业》，厦门市政协、文史资料委员会、厦门总商会编《厦门工商史事》，厦门大学出版社，1997 年，第 82－83 页。

1907—1911 年厦门开办了 8 所小学堂和 1 所商业学堂。“除了上述这些学校，10 年来（1902—1911），本地还开办了大批私人学校和许多其他的专门为女孩和儿童们设立的教会学校。”[①] 与厦门岛隔海相望的集美，便是以资助教育闻名的侨领陈嘉庚的家乡，他在兴建集美学村之后不久，又于 1921 年在厦门岛内创办了厦门大学，“设有文、理、法、商和教育 5 院。教职员工共 60 人，学生 1 000 多人”[②]。到了 1932—1938 年，厦门的教育事业又有进一步发展，“更多的国内大学毕业生和学成归来的留学生应聘充任教师”；“华侨捐献的教育资金有了极大增加”，就读的学生人数持续增长。以 1934 年为例，本市有省立中学 2 所、私立中学 15 所，学生共计 2 600 人；市立小学 9 所、私立小学 58 所，学生共计 13 900人。[③] 这样，新兴城市厦门在不太长的时间内就形成了完整的近代教育体系。这在中国各处侨乡当中，显得十分突出。

那么，厦门岛内乡村地区的办学情况又如何呢？前述笔者于 1991—1992 年对当时厦门郊区乡村的调查中，许多村民都谈到华侨出资办学的情况。其中有 4 所学校尤其令人印象深刻。设于后坑村的侯卿小学堂，以侯卿农牧股份有限公司的部分利润来办学，乃是侨资办企业兼办学校的特出事例。[④] 这种在同一村落以企养校的做法，即便不是绝无仅有，也是十分鲜见的。设于祥店村的祥店小学，则是本村旅菲乡侨共同出资兴办并维持其运转的，而且是一所非常正规的学校，课程门类齐全，师资水平高，教师薪酬也高，并且对贫困学生优待有加，免学费且有助学金。[⑤] 设于吕厝村的禾公小学，同样是旅居海外的本村乡侨共同兴办并维持的，其对本村子弟就读者的优待范围更广（不限于家庭贫困者），还接纳周边村落的适龄儿童就读，而且教师的薪酬也较高；教学质量好，生源遍布村内村外，推动其持续办学，直到 1956 年才转为公立。[⑥] 4 所学校中，唯一由个人创办并维持的，是设于前埔村的云梯学校。该校由本村旅菲乡侨林云梯、林珠光父子

---

① （英文本）海关税务司巴尔撰，（中文本）戴一峰译：《厦门海关十年报告之三，1902—1911》，厦门市志编纂委员会、厦门海关志编委会：《近代厦门社会经济概况》，第 354 页。

② （英文本）海关税务司侯礼威撰，（中文本）戴一峰译：《厦门海关十年报告之五，1922—1931》，厦门市志编纂委员会、厦门海关志编委会：《近代厦门社会经济概况》，第 398 页。

③ （英文本）海关税务司卓尔敦撰，（中文本）戴一峰译：《厦门海关十年报告之六，1932—1941》，厦门市志编纂委员会、厦门海关志编委会：《近代厦门社会经济概况》，第 422－423 页。

④ 陈衍德：《后坑村叶福伟、叶清河访谈录》，1991 年 11 月 29 日，福建厦门。

⑤ 陈衍德：《祥店村黄必朗访谈录》，1991 年 12 月 13 日，福建厦门。

⑥ 陈衍德：《吕厝村吕永在访谈录》，1992 年 2 月 13 日，福建厦门。

创办并维持，校舍全部是新建的。其校舍在当时是非常现代化的，受访者说它“规模宏大，是西洋式的楼房，学校设备一应俱全，实验室、运动场、草坪花园等都有专人管理”。并且该校建制齐全，全盛时包括了小学和中学，学生人数在当时禾山各学校中也是最多的。更加难能可贵的是，该校让所有学生全部免费就读。① 在笔者走访的各村落中，昔日几乎村村有小学，而且几乎都是华侨出资兴办的。无论是城区还是乡村，这一时期的厦门初等和中等教育之发展，并未受制于本地的经济水平，明显得益于外来的侨资。

厦门的第一份杂志《鹭江报》出现于1901年5月，每月出三期，1904年停办。接踵而起的是报纸《福建日日新闻》，持续到1906年5月。1907年12月《厦门日报》开办，拥有资本8 000元，每天出报1 000份。1911年10月该报并入《南声日报》，发行量每天1 300份，非常受欢迎。② 到了下一个十年（1912—1921），本地的报纸增加到5份，总发行量也从原先的2 800份增加到5 600份。“这表明，或许由于教育进步，读者数量已有了明显增加。”③ 再下一个十年（1922—1931），厦门有了7种日报、6种周刊。“本地印刷业有了很大发展，在这十年的初期，厦门有3家印刷所，而现在有9家大的，10家小的。”④ 三十年间厦门新闻出版事业的进步是明显的。不过厦门的报纸主要登载地方新闻，国内外的重大新闻则来自上海，大量的出版物也是从上海输入。

除了大报之外，还有一些小报。虽然它们大多发行量小，存在时间不长，但在报道地方新闻方面起了重要作用；在针砭时弊方面，敢于直言；地方上的奇闻轶事、风气习俗，亦可从中获悉。小报上的商业广告，亦有些许史料价值。可惜这些小报日后大都湮没无存。幸有热心人士，择其要者编辑成集，或有存留至今者，兹举一例。禾山乡绅陈君菊农（名永洁，以字行）为菲律宾华侨，常往返于厦门与马尼拉之间，在菲亦有创办报刊之经历。⑤ 陈君于1931年编成《厦门

① 陈衍德：《前埔村林永周访谈录》，1992年2月20日，福建厦门。

② （英文本）海关税务司巴尔撰，（中文本）戴一峰译：《厦门海关十年报告之三，1902—1911》，厦门市志编纂委员会、厦门海关志编委会：《近代厦门社会经济概况》，第360－361页。

③ （英文本）海关税务司麻根撰，（中文本）戴一峰译：《厦门海关十年报告之四，1912—1921》，厦门市志编纂委员会、厦门海关志编委会：《近代厦门社会经济概况》，第385页。

④ （英文本）海关税务司侯礼威撰，（中文本）戴一峰译：《厦门海关十年报告之五，1922—1931》，厦门市志编纂委员会、厦门海关志编委会：《近代厦门社会经济概况》，第400页。

⑤ “《小说丛刊》，为陈菊农君独力倡办，仅出版至第一二三集而止。”（颜文初：《三十年来菲律宾华侨报纸事业》，《小吕宋华侨中西学校三十周年纪念刊》，马尼拉，1929年，第7页。）

小报大观》，分为评论、轶闻、骚坛、杂俎、谐薮、小说、名胜、花讯、碎玉、补遗等十类，洋洋十万言，蔚为大观，从而“长留读者与作者一种印象，以视一般云烟过眼者，正未可同日语”（黄胸万为其所作《序》），[①] 可谓存留后人，以补大新闻大历史之遗阙。如书中一则“厦门人一日记”，将本埠百姓人家分为上、中、下三等，以寥寥数语，绘声绘色地勾勒出各色人等每日的作息，富裕人家如何享受作乐，穷苦人家如何为生活而奔走，皆栩栩如生，跃然纸上。又如一则布料广告，称某男士向女同学求婚，女方见其“身穿外国货，将来必有外遇”，故拒之。男士受友人指点，“穿了一身民光织造厂出品之自由布西装”，再次求婚，终获女方应允。诙谐中蕴含提倡国货之意。凡此种种，对了解新旧并存的侨乡厦门之社会生活，皆不无益处。

医疗卫生的进步首先表现在人们观念的改变。早年本地人对西方医学是有偏见的，但之后情况有所变化。1911 年的《海关十年报告》指出：在此前的十年里，“防疫血清由国外进口，并在一定范围内使用。然而，和三十年前本地出现的反对为预防天花种痘一样的偏见，阻止了瘟疫血清的广泛运用。现在，人们已经认识到种痘对制止天花灾难的益处。因而在适当时候，现在的错误看法可能会同样消失”[②]。观念的改变促进了实质性的进步。二十年之后，厦门的卫生事业有了巨大发展。1931 年的《海关十年报告》指出：在过去十年里，“本口岸的健康状况与其他口岸相比，还是较令人满意的。本地区没有任何较严重的传染性疫病流行……近年来，本口岸做出种种努力去预防瘟疫和霍乱，并提出免费注射预防针……厦门城外最近开设了一家传染病医院……已筹集了 800 000 元以上的捐款准备在厦门建立一所大型的、现代化的、有 300 个床位的医院。医院将命名为‘中山医院’……厦门的医学水平正在改进，训练有素的医生的数量正在增加。本地的健康与卫生条件有了很大进步”[③]。受外来文明的影响，在华侨的积极推动下（如黄奕住、林文庆倡办中山医院），侨乡厦门的医疗事业脚踏实地向前发展，从而构成社会文化向良好方向发展的一个重要方面。

---

① 《厦门小报大观》，自印本，1931 年。厦门市图书馆原副馆长陈峰将此书复印赠予笔者，特致谢忱。

② （英文本）海关税务司巴尔撰，（中文本）戴一峰译：《厦门海关十年报告之三，1902—1911》，厦门市志编纂委员会、厦门海关志编委会：《近代厦门社会经济概况》，第 360 页。

③ （英文本）海关税务司侯礼威撰，（中文本）戴一峰译：《厦门海关十年报告之五，1922—1931》，厦门市志编纂委员会、厦门海关志编委会：《近代厦门社会经济概况》，第 396 页。

## 六、厦门社会文化发展的精神动力——从自然、自发到自觉、自为

如欲探索侨乡社会文化变迁的深层动因，必透过物质层面而深入精神层面。那么，进一步研究返乡定居，以及不断往返于侨乡与侨居地之间的华侨的作用，便不是可有可无的。这些人不仅给侨乡带来了金钱和财富，也带来了精神食粮，或者说来自外部世界的精神刺激。“许多回来的移民，尤其是少数成功者，有着较丰富的经验，较广阔和较开明的视野”，“他们最终将对邻近地区人民的性格和气质产生一个有益的影响”。[①] 这对侨乡的社会文化变迁至关重要。侨乡乃因本地居民跨国迁徙而自然形成，并非人为意志构建而来。但那只是侨乡形成的初始阶段。当侨乡渐成规模，精神因素逐渐与物质因素并重，情况就发生了变化。人总是生活在某个环境中的，它对于人来说并不只是生活资料的源泉，而且是其精神生活不可分割的一部分。当侨乡的社会氛围因“侨”的因素而逐渐呈现其特色时，侨乡居民（无论是否为华侨、归侨和侨眷）的精神面貌或多或少都会与非侨乡有所不同。侨乡的人文环境不是凭空而来，其源头正是华侨的开明开放与急公好义。

《黄奕住传》一书的作者赵德馨教授在亲临鼓浪屿黄家别墅时问一位黄氏亲属：“黄奕住盖这个花园，是否与谁比富？”那位族人回答说，没听说过有与人比富的事。赵德馨心中不解，后来在别处看到民国一位将军为当时外国人建筑比中国人高大而气压心中，遂建起比其更高大的楼房时，才恍然大悟。赵德馨在该传记中写道：“原来黄奕住以及八卦楼的主人（也是一位华侨）之所以要盖如此高大的楼房，在规模、用料、装饰等方面压住了在鼓浪屿这个公共租界上所有外国人的建筑物”，“这是在旧中国那种环境里，爱国者要长中国人志气的心态的一种表现”。[②] 此说大致可通。因为黄奕住虽为巨富，但终其一生，生活十分节俭，没有必要住这样富丽堂皇的大房子。这种心中有气、要为国人争光的心态，乃是那个时代的归国华侨普遍具有的。这也成了华侨带给侨乡的精神气质。

更加重要的是，华侨将海外先进的建设与管理经验带回侨乡，并亲身加以实践，在创造物质财富的同时，也改变了侨乡的精神面貌。上文提及的厦门市政

---

① （英文本）海关税务司许妥玛撰，（中文本）戴一峰译：《厦门海关十年报告之一，1882—1891》，厦门市志编纂委员会、厦门海关志编委会：《近代厦门社会经济概况》，第270页。

② 赵德馨：《黄奕住传》，长沙：湖南人民出版社，1998年，第105页。

会，是当时中国内地鲜有的机构。它的出现也与黄奕住有关。黄氏曾长期侨居印尼三宝垄，他还是当地中华商会的副会长。成立于1906年的该市“市政委员会”，给他留下了深刻印象。在那里，“过去市政建设的一切费用都要通过国家预算”，该机构成立后，市政建设的一部分费用便由它来筹集，而无须国家拨款。“这使三宝垄市政府能够开展许多有关居民住宅建设和改善人民卫生状况的工作”，[①] 从而使城市面貌大为改观。1919年黄氏回国定居厦门后，看到厦门与早期的三宝垄一样，市政建设相当落后，于是萌发了组织一个类似机构以促进市政建设的想法。在他的倡导下，厦门市政会于1920年成立，在之后一二十年的市政建设中发挥了至关重要的作用。成为厦门市政会董事会成员的，乃当时官、绅、商、学各界名人，林尔嘉、洪鸿儒先后出任会长，黄氏则长期任副会长并主持实际工作，所以他的贡献最大。他还创办了厦门自来水公司和厦门电话公司等社会公用事业。从此以后，各界人士热心市政建设与公用事业蔚然成风，大大促进了厦门的社会进步。由此可见，华侨不仅倡导新思想新办法，而且身体力行示范民众。在侨乡厦门的近代化进程中，华侨不愧是领航者。

黄奕住等富商巨贾们促进侨乡社会进步的重大贡献已载入史册，为世人所公认，然而更多的普通华侨所起的作用，也不是无足轻重的，虽然只有某些人的事迹偶尔见之于地方文献，更多的人则从未被提及。那么，他们的默默奉献，其动力从何而来呢？以往研究者大都将其归因于“二战”前华侨普遍具有的“叶落归根”思想，以及“家国情怀”“光宗耀祖”等观念。这种解释虽无可厚非，却远远不够。法国年鉴史学派的整体史观，在这方面颇有启发意义。众所周知，人口流动是社会进步的催化剂，它不仅带来财富的流动，而且带来信息与思想的交流。侨乡之所以有较快较大的社会进步，与此息息相关。移民打破了传统的安土重迁观念，出洋成为时尚，候鸟式移民与连锁式移民成为常态，这就大大开阔了人们的眼界，活跃了人们的思想。当旅行成为生活中必不可少的一部分时，在见多识广的出门人看来，打破束缚头脑的旧东西便是合情合理的了。于是侨乡的人们不再将眼光局限于一己一家，而是放眼整个社会。然而他们又是务实理性的，不是那种脱离实际的幻想家。变革便是产生于这样的社会流动及其所带来的既开

---

① 赵德馨：《黄奕住传》，第187页。按：印尼当时为荷兰殖民地，称荷属东印度；此处所谓的“国家”，实指荷属东印度殖民统治者的中央政府。

放又有所节制的思想之中。

编印《厦门小报大观》的菲律宾华侨陈菊农先生，就是频繁往来于家乡与侨居地之间，且在海内外广泛参与社会活动的人士之一。陈君出身于禾山士绅之家，[①] 年轻时即随其父赴菲，在菲除经商外，还有办报办学的经历，并曾参与过海外侨胞支援孙中山等革命党人的“倒袁”运动。返厦后陈君除编有《厦门小报大观》外，二十世纪二三十年代还办过《厦门周报》《禾山旬报》等，并出任过禾山地方建设促进会常委等职，积极参与各项经济社会改革。再度赴菲后，陈君在马尼拉创办南声出版社，宣传抗日，号召侨胞支援祖国抗战。1938 年 5 月，日军入侵家乡迫在眉睫，陈君从马尼拉急赴新加坡，与当地乡侨共商接待即将南渡避难的乡民事宜，同时参与筹建新加坡厦门公会。[②] 太平洋战争爆发后，陈君与家人在菲艰难度日，同时支持子女参加菲华社会的抗日斗争。战后陈君回国定居于厦门市区，为故乡文化事业尽责尽力，参与募款重建厦门图书馆及修撰地方志书；为厦门市文献委员会及佛学会捐款；创办发行《厦门画报》；等等。[③]

从《厦门小报大观》即可窥陈君之思想，以及侨乡厦门社会生活之一斑。《杂俎》中有五则，注明“作者皆菊农”，其中两则与时局有关。《余天遂诗》录有江苏名士余天遂于沪上示陈君近作律诗一首：“历尽崎岖路不平，可怜无计慰苍生。纵非烹狗藏弓意，却有燃萁煮豆情。风雨同舟宁树敌，河山封爵敢誓盟。最奇内战重开日，天遣强邻更撤兵。”陈君注曰：“时正桂乱方兴，盖亦有感而作也”，对军阀混战有愤而不平之叹。《裁兵春联》则记民国十一年（1922）上海总商会征求裁兵春联之事，录有其中六句。此二则均反映陈君忧国忧民之思虑。《谐薮》中有一则《厦门妇女电影化?》，讽喻厦门时髦女子，不学电影中的贞洁女子“一钟于情，则始终不渝”，却追捧交际花之“放荡”与“孟浪”，亦可见那个时代的厦门之风气，深受新潮文艺特别是电影的影响。另有一则“安庆轮”往返厦门和马尼拉每周各五个班次的广告，可窥两地人员来往之频密。从入选《厦门小报大观》的小报内容，可以看出像陈君那样的社会人士，既正视现

① 厦门市地方志编纂委员会办公室整理：《民国厦门市志》卷三十一《货殖传·陈厚泽》，第 647－648 页。陈厚泽为陈菊农之父，传记中历数他在家乡及海外所行善事，结尾曰：“清季助赈，得授同知衔。里绅叶梅珊、陈子显、黄潮卿，咸器重之。”

② 新加坡厦门公会编：《新加坡厦门公会金禧纪念特刊》，新加坡，1988 年，第 48 页。

③ 陈峰：《陈菊农小传》，湖里区政协文史和学习宣传委员会编：《湖里文史·殿前卷》，2015 年，第 107－109 页。

实、坦荡开放，也希冀安定、择善而从。正是这种思想动力，推进着侨乡的社会文化进步与发展。

必须指出的是，如果以为只要华侨有意愿有财力就可以回国回乡干一番事业，那就大谬不然了。华侨归来无论干什么事业，都是一种跨国行为，不仅受国际关系影响，且受国内局势影响，而许多负面影响是难以克服的，所以华侨在国内的事业面临种种不确定因素，一帆风顺者极为罕见，历尽艰辛者却比比皆是。从晚清到民国，“当国际形势对中国经济发展有利时，中国无法充分利用，当国际形势对中国经济发展不利时，中国无力防御。在国际经济范围内，中国总是处于一种被人操纵、受剥削、受压迫的地位”[①]，更不用说“弱国无外交”了。所以华侨无论干什么事业，都必须具备百折不挠的精神。在复兴侨乡经济、促进侨乡社会文化进步上，华侨同样面临无数困难和挑战，成功绝非易事。这就是为什么在研究侨乡历史时，既要有理性又无法不带情感，既要从微观入手又不能不顾及宏观大局。

还须指出的是，在侨乡，既是华侨或归侨，同时具有士绅地位的人，与非侨乡纯粹的士绅有所不同。前者有出国的经历，后者一般没有。因而前者便具有“传统”与“现代”的双重性。当然二者也存在共性，为首的就是“承担了若干社会职责”，“在其本地区的各种事务中发挥了十分积极的作用”；再则，二者“整个生涯都表现出中国的文化传统”；最后，无论何时何地，士绅的身份“是不可继承的，每个（士绅阶层的）成员都必须自己设法获得（这一身份）”。[②] 这就部分解答了一个问题：为什么在侨乡，兼具华侨与类似士绅身份地位的人士，能以高于一般人的眼光来看待各种事物，能以新旧杂糅的手法来处理各种事务。这也正是侨乡的精神优势之所在。侨乡一开始出现时具有自然、自发的性质，但是，随着侨乡的社会发展与变迁，它越来越具有自觉、自为的性质，也正是因为侨乡有那么一批熟悉中外事务的跨国流动人才精英，才成就了侨乡的这种转变。

## 七、侨乡厦门——凸显华侨作用的中国沿海近代化缩影

侨乡不是孤立存在的。从时间维度上来看，它是传统中国向近代中国转变

---

① 王方中：《中国经济通史》第九卷，湖南人民出版社，2002 年，第 12 页。

② 张仲礼著，李荣昌译：《中国绅士——关于其在 19 世纪中国社会中作用的研究》，上海社会科学院出版社，1991 年，第 48、67、61 页；“导言”第 8 页。

时，在一个特定的时段中由“加速度”推进的产物。从空间维度上来看，它是近代文明首先在沿海中国登陆并向内地中国蔓延时，新的物质与精神因素在这些沿海口岸深度浸润的产物。虽然西方势力在其中也产生了不小的作用，但根本的力量还是要从中国本身来寻找。这个根本的力量就是华侨。为什么这么说呢？西方势力是外来的，它与中国的传统原本就是对立的，虽然客观上它也对中国的近代化有些许推进，但那是以否定中国传统为前提的。而华侨在接受了近代文明的同时，其文化传统仍然是根深蒂固的，只有他们才是侨乡社会文化发展的原动力。再者，侨乡与南洋商埠的交集，也是以华侨为媒介的。虽然这些商埠当时大都在西方殖民统治范围之内，但西方通过它们来影响中国都不是主观能动的，更无法做到双向互动。只有同时联系着侨乡与海外商埠的华侨，才能自觉地将彼处的新鲜事物带入侨乡，又将本土的传统带往海外。如此循环往复，“现代”与“传统”逐渐融合，侨乡与侨居地便双双获益。

张仲礼总结近代以来中国沿海地位的变化：“在传统文化格局中，沿海处于边缘地带；在近代文化格局中，沿海处于中心地位。”他还特别指出了在沿海变化中起重大作用的移民之三个特点：“移民对于固定的居民来说，一是不安于现状，二是见多识广，三是勇于冒险。”① 这些论断对于本文具有很大意义。从晚清到民国的侨乡厦门社会文化变迁，印证了这些论断。笔者并非先入为主地套用张氏的结论，而是以史料为依据，一步步地深入探讨，最后才看出侨乡厦门的变迁确实如其所言。总之，晚清至民国侨乡厦门的社会文化变迁，恰是中国沿海近代化的缩影，其中尤其凸显了移民的因素。而就厦门本身的特点而言，它在经济、文化上与海外的联系，似乎超过了与内地的联系，至少二者是不相上下。华侨与归侨形塑了厦门的精神气质，文明开放内化为侨乡厦门人们心底的渴求；超越一己、急公好义蔚为风尚。近代厦门的社会文化变迁，归结其源头，乃是一个“侨”字。在此促进下，近代厦门成了高度外向型而又不失传统的城市。当我们把眼光放宽放远，就可以跳出厦门这个地图上不大的圆点，突破时空的局限，纵览这一因侨而兴的港市社会文化进步的历史长卷，从而以点带面，深化我们的侨乡研究。

---

① 张仲礼主编：《东南沿海城市与中国近代化》，第 25 – 26 页。

# Social and Cultural Changes of Xiamen City as an Overseas Chinese Hometown: From the Late Qing Dynasty to the Republic of China

Chen Yande

**Abstract**: The opening of the five trading ports has led to the development of Xiamen as a port and city catering to overseas Chinese. Among the five trading ports, the characteristics of Xiamen as an "overseas Chinese" port is the most prominent. Since then, the social and cultural changes in Xiamen, the hometown of overseas Chinese, have continued, and have expanded in breadth and depth. Of course, abandoning farming and going overseas to do business has impacted Xiamen's farming culture, but returnees have also returned home to try new ways of agricultural management. Since the Republican era, the links between Xiamen and the ports of Nanyang have gradually tied up or even surpassed the links between the island and the mainland. Entering the 1920s, the investment of overseas Chinese remittances and the influx of overseas Chinese capital, as well as the frequent entry and exit of overseas Chinese, began to change Xiamen's urban style and social fashion. The real estate development and municipal construction promoted by overseas Chinese have rapidly transformed Xiamen into a modern city. New architectural ideas and urban planning have created a new living and business environment. However, these changes were achieved under the adherence to the core national traditional spirit, and "westernisation" failed to drown out "Chinese culturalisation". Media, publishing, education, and health undertakings have also changed greatly due to Xiamen's relationship with overseas Chinese. Overseas Chinese and returnees have shaped the spiritual temperament of Xiamen. Transcending oneself, the desire of the people of these overseas Chinese towns is for cultural openness and social justice. In the final analysis, the social and cultural changes of Xiamen in modern times is attributed to its source—in a word— "overseas Chinese".

**Key words**: Overseas Chinese township, overseas Chinese, overseas Chinese returnees, farming, construction, municipal government, social and cultural changes, spiritual and temperament modernization

# 夹缝中的“边缘人”：评夏黎的《出美国记：第二代华裔美国人在中国（1901—1949）》

任　慈*

书籍信息：Charlotte Brooks, *American Exodus*: *Second-Generation Chinese Americans in China*, *1901 – 1949*, University of California Press, 2019, pp. xviii + 309. ISBN: 978 – 0 – 520 – 30268 – 6, ISBN: 978 – 0 – 520 – 30267 – 9.

华人移民是美国历史上唯一一次以联邦立法方式而被专门排斥在外的群体，对美国移民政策建构有着不可忽略的重要作用。在种族歧视和阶级选择理念的支配下，美国不断变换和完善法律、条例、移民政策实践，层层叠加，筑起一堵高墙，拒绝了普通华人的迁移权、入籍权，也否认在美华人拥有完全公民身份。华人如履薄冰，难以在美国主流社会中立足。美国学界对华人经历特殊性的认知与研究，呈现出阶段性特征。“二战”结束后，美国的移民史研究迈向专业化，但当时学界关注焦点在欧洲白人移民，以及他们如何融入美国，并实现“美国梦”。相较而言，华人移民及其所能揭露的美国移民政策的“阴暗面”未能得到重视，且美国白人对华人的歧视和轻蔑，也是沉疴痼疾。20 世纪 60 年代末，“华裔研究教父”麦礼谦（Him Mark Lai）带领华人研究走向专业化、学科化的发展道路。此后，受过高等专业化教育的华裔后代以及新移民群体，进入学术研究队伍中，成为推动华人移民从美国移民史研究的“边缘”到“中心”的重要力量。①华裔学者贡献了很多佳作，让大量民众了解华人对美国的贡献以及所遭

* 作者简介：任慈，东北师范大学美国研究所博士研究生（Email：renc033@ nenu. edu. cn）。

① 关于美国的移民史发展特征，参见：任慈：《可用的过去：近五年来美国学界移民和族裔是研究的新趋势——兼对美国移民研究史的述评》，《世界民族》2020 年第 3 期。

遇的不公、歧视和排斥。[①] 但如著名移民史学者徐元音（Madeline Hsu）所指，“受害者”和“英雄”的二元叙事成为华人等族裔史研究的经典旋律[②]，也是移民史学者需要突破的一个“锁链”。

夏黎（Charlotte Brooks）是推动华裔研究前行的一名优秀学者，非少数族裔身份、不同的文化背景、娴熟的双语能力，让她往往能在经典主流叙事之外发现鲜为人知又同等重要的华裔移民经历。[③]她的新作——《出美国记：第二代华裔美国人在中国（1901—1949）》（*American Exodus: Second-Generation Chinese Americans in China, 1901 - 1949*）[④]（以下简称《出美国记》），首次系统地关注了20世纪上半叶大量移居中国的第二代美国华裔群体，不仅丰富了学界已有研究，对于启发读者深入理解华裔移民认同的多样性、归属困境，以及思考民族主义与同化之间的复杂联系，均有重要意义。

## 一、内容与贡献

《出美国记》全书共五章，大体上以时间为轴，兼顾对不同地区（广州、上海、珠三角、香港）进行比较，在跨国视野下论述了第二代华裔[⑤]在中国的经历轨迹，及中美两国民族主义、种族主义对他们认同选择的影响。夏黎在第一章和第二章展示了既有明显区别又有相似性的两种第二代华裔类型，分别是注重中国文化传统，因势利导、随时代而动的归国商人和学生，以及在美国接受高等教育，想用技术和知识改变中国的“现代化者”（modernizers）。前者多集中在广

---

① 相关研究成果颇丰，择其要者有：Lucy E. Salyer, *Laws Harsh As Tigers: Chinese Immigrants and the Shaping of Modern Immigration Law*, University of North Carolina Press, 1995; Judy Yung, Gordon Chang, Him Mark Lai (eds.), *Chinese American Voices From the Gold Rush to the Present*, University of California Press, 2006; Yong Chen, *Chinese San Francisco, 1850 - 1943: A Trans-Pacific Community*, Stanford University Press, 2000; Mae M. Ngai, *Impossible Subjects: Illegal Aliens and the Making of Modern America*, Princeton University Press, 2004; Eric Lee, *At America's Gates: Chinese Immigration During the Exclusion Era, 1882 - 1943*, University of North Carolina Press, 2004; Ellen Wu, *The Color of Success: Asian Americans and the Origins of the Model Minority*, Princeton University Press, 2014.

② Madeline Hsu, "Asian American History and the Perils of a Usable Past", *Modern American History*, Vol. 1, Issue 1, 2018, p. 71.

③ 2015年夏黎率先关注了“中美冷战”、麦卡锡主义对普通华裔移民的影响，参见：Charlotte Brooks, *Between Mao and McCarthy: Chinese American Politics in the Cold War Years*, University of Chicago Press, 2015.

④ Charlotte Brooks, *American Exodus: Second-Generation Chinese Americans in China, 1901 - 1949*, University of California Press, 2019.

⑤ 这里依然是指美国本土出生，在中国学习和发展的第二代华裔，为行文方便，以下均用“第二代华裔”代指这一群体。

州、香港、珠三角侨乡地区，利用发达的侨乡网络从事买办活动，建立银行、公司和大型商铺，开设学校；后者利用技术为不同政权服务。他们均把中国视为安身立命之所在，为获得“更好的经济机会”“更快乐自由的生活”（p. 5）；又都主张灵活、重叠的认同，既想用美国公民身份获得特权和保护，又想用中国人身份获得更多的商业和就业机会。五四运动后，受反帝的民族主义影响，不同类型的第二代华裔之间的界限变得模糊，均成为与帝国主义相关的“外人”。在第三章，她深入分析了第二代华裔仅存于法理，但无法实现的“双重公民身份”愿景。国民党建立统一中央政府的极端措施，加速了华裔与国民党疏离；与此同时，美国基于种族理念，通过“赵士伟案”正式放弃对华裔美国人的治外法权保护。第二代华裔被两国政府双重边缘化，如夏黎所指，他们在中国的“黄金时代”已经终结（p. 77）。第四章充分探讨了全面抗日战争爆发前，第二代华裔与南京政府间的互不信任的复杂关系。然而，美国的种族环境和经济大萧条，让华人移民依然选择回到中国。第五章披露了抗日战争时期第二代华裔认同的多样性，既有人全心协助支持抗日活动，也有人委曲求全参与通敌活动，然而为了逃离战火和饥荒，大多数人最终选择了美国。

1882 年《排华法案》出台后，普通华工移民美国之门被紧锁，学生、商人等豁免阶级赴美亦遭美国移民局苛刻对待。诸如黄金德等美籍华人，主张其美国公民身份，利用司法诉讼保障迁移自由，然而，更多的华人是利用“纸生仔”（paper son）这个“灰色”途径进入美国。在此背景下，大量持有美国公民身份的第二代华裔选择到中国去，这种反向移民流动，着实凸显了不同。夏黎依据美国政府相关统计估算，1901—1941 年，少则三分之一、多则一半的美国本土出生的第二代华裔移居到了中国，且很多人最初的设想是“永久离开美国”（pp. 3，36）。这种现象挑战了学界“对于移民与 20 世纪美国社会经济流动性关联”的种种假说，也挑战了中国的“民族主义叙事”（pp. 6 – 7）。然而，长期以来，这一重要问题却未能引起中美学界的关注。可以说，《出美国记》的选题具备较高的历史研究价值，填补了空白。

除内容丰富新颖外，该书体现的研究方法也值得学习。夏黎通过将第二代华裔移民置于中国民族主义思潮攀升的历史背景下，系统地分析了中美两国政策对他们认同与流动的影响，在一定程度上克服了跨国主义方法过于强调移民流动性的短板。20 世纪上半叶，第二代华裔主张用“中国性”（Chineseness）来代表自身的“地域、阶级身份以及民族意识”（p. 39）。诚然，他们灵活的公民身份诉求，不仅是为了自身利益的最大化，更多是受制于政府政策。美国种族歧视的社会环境是华裔源源不断回流中国的外部推力。然而，自五四运动起，反帝主义成为中国民族主义的主要内容（p. 38），阶级和利益分歧让第二代华裔与民族主义者产生嫌隙。作为“通商口岸中国人”（treaty port Chinese）（p. 70），华裔因西方化色彩、海外网络，被认为“不忠诚”“不爱国”，更有甚者被逮捕和暗杀；即便是部分强调国家认同高于其他认同的“现代化者”，也被南京政府边缘化。因此，第二代华裔身份认同的形成与变化，多数是基于经济利益的一致性，以及将对中国人与政党政府的认同相分离。这点在抗日战争时期尤为明显：海外华人进行大规模募捐活动，而深谙国民党种种陋习的第二代华裔并不信任把钱交付给国民党，而是选择从事难民救济等抗日救援活动。

此外，两国政策也让第二代华裔一次次“用脚投票”，往来于广东、上海、香港等地区，以及美国。1923—1925 年，国民党扛起反帝主义大旗，联俄联共，排挤海外华人并征收苛捐杂税，在广东的第二代华裔遂逃离到上海租界、香港等地。此后，五卅运动引发大规模的抵制英货运动，香港处于漩涡地带，在国民党的号召下，10 万到 25 万旅居香港的华裔重新回到广州，然而也有部分选择留下，认同英国的殖民式统治，并主张“香港中国人身份”（p. 85）。在抗日战争时期，对国民党失去信任的华裔逃离上海、广东等地，前往香港、澳门以及珠三角的小村庄。当美国提供撤侨补贴和协助后，深受战争和灾荒影响的华裔，最终做出了“极其痛苦的选择”，拾起美国公民身份，大部分回到美国。如夏黎所言，多数人的选择“无关乎忠诚和认同”，而是出于“安全和生存”的需要（p. 193）。从中可以清晰看出，中美两国政策对华裔流动的关键性影响；同时，亦可发现华裔生存选择与认同选择之间的复杂关系，非爱国或叛国一言以蔽之。

该书另一个特色是将比较研究的手法贯穿其中。夏黎在重点对第二代华裔内部差异性进行比较的同时，也在行文中穿插对其他族裔的比较，在突出主题的同时，拓展了研究视野。如夏黎对第二代日裔与第二代华裔回流的经历进行比较，指出他们都因所具有的西方特征而被母国怀疑；而差异的根源在于，“缺乏完全主权”的国民党政府，未能信任、接纳第二代华裔来增强国力，也未能积极地争取他们的人心（p. 150）。此外，夏黎还比较分析了美国和其他白人殖民地国家，对华裔公民（臣民）实施治外法权保护方面的差异。英美两国虽共享“白人优越论"的种族歧视理念，但对美国而言，"公民"身份具有平等思想内核，而英帝国海外殖民地的"臣民"概念本身具有等级概念，因此美国政府选择仅保护在华美国白人，否认华人拥有完全公民身份，从而强化了不平等种族等级。此外，美国也未把华人作为拓展主权和势力影响的一种工具，遂割舍对华人的治外法权，以示"对华公平和友好"。（pp. 76，97 - 99）

## 二、思考与启发

《出美国记》是一部发人深思的佳作，让读者可重新审视海外华人与中国民族主义发展之间的密切关联。学界少有将海外华人纳入中国近代史的研究中，然而，华人迁移问题本身与现代国家观、民族主义思潮、国家建构等内容密切相关。19 世纪末，美国的排华运动改变了中国人的国家观，从只知朝廷、不知有国家，到认可国家属于全民，并将个人与民族国家命运紧密结合，形成了现代国家观。如陈勇等学者所指，排华让海内外华人都参与到抵制美货运动中，唤起了"跨越太平洋的民族主义"①。可见，海内外华人在早期中国民族主义思潮形成中的重要地位，他们既是导火索，也是重要参与者和推动者。《出美国记》对于 1905 年抵制美货运动着墨不多，或是因为这一时期第二代华裔还未登上"历史舞台"。然而，若延展这一部分内容，在对比中更能凸显华人民族主义的变化。从 20 世纪初一直到 20 年代，海内外华人与中国人共享民族主义，然而五四运动后，中国民族主义的内核变为反帝主义，共享的民族主义出现裂痕。中国人民反帝的核心目标是维护国家主权，而归国华人代表着"西化""帝国"与"特权"，即便是这种特权并不具有实质意义，但也与南京政府建设国家主权的要求相悖。更重要的是，南京政府认为海内外华人"攫取了有限的资源"，是"潜在的分裂存在"（p. 120），不仅变相拒绝其后代回国接受教育，也未采取加强民族主义教育的方式来笼络和争取他们的认同。权利无法保障、归属认同无法依托，第二代华裔只能蜷缩于特定的团体、地域，缺乏与普罗大众的互动和联系。

此外，这本书也能引导读者思考，移民的弹性公民身份主张、双重忠诚何以成为可能。尤其是在国际社会中保守主义、民族主义思潮复兴的当下，这一问题仍具有价值和意义。著名移民史学者东荣一郎、艾明如教授曾在研究中对"移民

---

① Yong Chen, *Chinese San Francisco, 1850 - 1943: A Trans-Pacific Community*, Stanford University Press, 2000, p. 148.

民族主义”有所涉及①，该概念主张移民迁入地的歧视和排斥政策，加强了移民与母国社会的联系和羁绊，强化了民族主义情感。从这点意义上讲，华人“移民的民族主义”和“美国化”国家认同，是一种此消彼长的竞争关系。夏黎的研究亦证明和补充了这一观点。在20世纪上半叶，中美两国政府都不接受第二代华裔群体的弹性认同，中国认为他们是西方化的，美国官员认为他们在文化上是中国的。因此，第二代华裔寻求被接纳的条件似乎并不现实，也不可能与其中一方完全割舍的。虽未获两国政府的信任，但第二代华裔却在动荡不安的时局以及中美两国的“夹缝”中维持一种平衡，他们当中真正参与卖国通敌者更是寥寥，多数是“出于经济需要和犬儒主义，从事忠于中国人民的职业”（p. 172）。可见，移民双重忠诚并不仅在母国和迁入地利益发生冲突时才无法弥合；反而，在民族主义的催化下，关于认同的挣扎早已渗入移民的日常工作与生活中。华裔的认同与归属，除血缘、文化起作用外，也取决于哪一方可以满足他们寻求接纳的诉求。最终，华裔与早期的爱尔兰移民，以及后来的日裔移民类似，均走向了“美国化”，这也是时代、环境、政策的使然。

诚然，若细细思考，这本书也有一些问题待完善。在夏黎的笔下，五四运动抵制日货活动中，第二代华裔与本土学生同盟的分裂是因为学生运动转向反帝，然而同样与帝国主义有联系的归国留学生、买办、民族资本家，他们是否有相似的阵痛和遭遇？中华人民共和国成立后，为何东南亚国家的华侨华人依然把子女送到中国内地读书？若将这些问题纳入思考，更能展示美籍第二代华裔经历的独特性以及移民民族主义的多维性。同时，南京政府一方面加强与海外华人的联系、鼓励他们为母国捐款，另一方面却怀疑他们与帝国主义有联系，比不上本土“真正”的中国人，这种矛盾性政策的根源、具体运作及长久影响，也值得进一步深入探索。此外，该书中对第二代华裔女性的论述有限。希望中美学界可以继续在这些问题上耕耘，出版更多佳作。

总体而言，《出美国记》是一部具有拓荒意义的佳作，书写优美、史料丰富翔实，通过对在华第二代华裔的研究，挑战了20世纪移民“美国梦”、一个“移民国家”的历史叙事，也颠覆了大众对近代中国民族主义的刻板认知。

---

① 可参见：Mae M. Ngai, *Impossible Subjects: Illegal Aliens and the Making of Modern America*, Princeton University Press, 2004；Eiichiro Azuma, *Between Two Empires: Race, History, and Transnationalism in Japanese America*, Oxford University Press, 2005.

# 东南亚华人学者眼中的侨务政策新趋势：评廖建裕的《中国的崛起与海外华人》

施雪飞*

书籍信息：Leo Suryadinata, *The Rise of China and the Chinese Overseas: A Study of Beijing's Changing Policy in Southeast Asia and Beyond*, ISEAS Publishing, 2017, pp. xi + 278. ISBN: 978 - 981 - 47 - 6264 - 9.

廖建裕先生（Leo Suryadinata）的《中国的崛起与海外华人》（*The Rise of China and the Chinese Overseas: A Study of Beijing's Changing Policy in Southeast Asia and Beyond*）一书（中文书名为笔者自译），从东南亚华人视角探讨了中国侨务政策的沿革和国际影响。作者选取了横跨三大洲十余国、历经二十多年的案例加以佐证，为中国学者和相关政策制定者反思现阶段侨务政策利弊、改进实施效果提供了不可多得的材料。作者出生于印尼，长期在新加坡从事区域华人问题研究，并曾担任新加坡华裔馆（Chinese Heritage Center）馆长，是东南亚华人研究领域的权威人士。廖建裕先生早在20世纪70年代便已开始观察和研判中国大陆的侨务政策，治学经历恰好见证了中国国力日益强盛的历史进程。在此期间，海外华人，尤其是东南亚华人与祖籍国的关系也出现了微妙的变化。身处时代浪潮中的作者亲身经历并详细记录了这段历史，且能熟练引用多语种的资料。因此，就历史的丰富度和材料的扎实度而言，此书无疑是近年来海外华人研究领域的一部力作。

此书是作者长时期研究的一个阶段性总结。他所经历的时代和所处的位置，

---

* 作者简介：施雪飞，旅澳学者，荷兰拉德堡大学文化人类学与发展学博士（Email: xuefei.shi@gmail.com）。

能够让他敏锐地捕捉到海外华人眼中与中国关系的核心，即中国对待华人的态度是否因中国国际地位的提升而发生了质的改变？崛起的中国及其推行的政策是否对海外华人更具吸引力？这些变化对东南亚国家和当地华人又带来了哪些影响？对此，作者在书中所持的基本看法是，近 20 年来，中国的侨务政策既保持了相对稳定，又出现了不少新的气象，他所要探究的便是这些政策何时、又是因何发生了改变。

为了回答这个问题，作者将中国的侨务政策分为三大类，套以十五个案例分析。第一类政策是中国政府对排华事件的反应，及其对海外华人提供的保护。作者将 1998 年印尼恶性排华事件与之后中国在所罗门群岛、汤加、利比亚、也门等地的大规模撤侨行动加以对比，论证了无论在保护海外华人的意愿还是能力上，中国都有了长足进步。第二类政策是中国对个体侨民在海外受到不公正待遇的保护。作者以 2005 年和 2016 年发生在马来西亚的两次事件为例进行了阐述，这两次事件本身并未在中国大陆掀起巨大波澜，但深刻了解东南亚身份政治和族裔政治的作者却能够捕捉到背后体现的中国对海外侨民态度的悄然转变。第三类政策是中国鼓励海外华人为国内发展做出贡献，如海外华人在 2008 年被广泛动员起来为汶川地震捐款、保护北京奥运会火炬传递，海外华人企业家被邀请参加世界华侨华人工商大会和“一带一路”建设等。

作者采用了“明”“暗”两条线索将这三类侨务政策的变化及相应案例联系起来。在明面上，作者因袭了经典的“国家利益决定对外政策”理论，将侨务政策视为中国的对外政策之一，认为评判侨务政策的得失，必须考量其是否维护了当时当地的中国国家利益。作者采用这种直观明了的“自变量—因变量”式的分析框架，向读者展示崛起的中国如何运用对外政策实现国家利益，基本回答了他自己在前言中所提出的问题，即中国的侨务政策因何而变。

具体而言，作者认定的中国国家核心利益包括了国家安全、领土完整、经济发展和政权维护等方面，中国政府出手保护海外华人的利益则与这些核心国家利益保持了张力。当保护海外华人的利益与核心利益冲突时，中国可能会选择以更克制的方式来处理问题。作者认为，1998 年在印尼发生的严重排华事件体现了这种利益冲突。

但当保护海外华人利益与中国的核心利益一致时，哪怕路程遥远、后勤保障困难，中国政府也会选择实行更为积极的侨务政策并直接出面干预。2006 年发生在所罗门群岛和汤加的两次排华事件，均由中国政府出面包机完成了撤侨，标志着中国大规模海外撤侨的开端。作者认为，由于所罗门群岛当时并未与中华人民共和国建交，该国排华的诱因又是台湾当局政治献金干预选举，因而北京方面以血统而非国籍来完成的撤侨极大程度上增强了中华人民共和国政府作为代表中国的唯一政府的合法性。从这个层面来说，保护非邦交国华人的利益与中国展示崛起的大国形象和实现国家统一的核心利益高度一致。当 2014 年越南因南海问题爆发排华骚乱时，中国虽然在第一时间派出了医疗队和轮船撤侨，却低调处理国内舆论。这种“内紧外松”的策略依然体现了侨务政策服务于国家利益的方针。中国政府既有义务保护好海外侨民，又要谨慎维护好与周边国家的睦邻友好关系，尤其是在敏感的领土问题上。

因此，作者总结道，从侨务政策服务于国家利益这个明显的线索来看，中国的侨务政策并没有发生质的改变，也不像有些人所言海外华人的地位在近年来获得了显著提升（可惜作者未能指明是谁）。中国在海外保护侨民的行为，应理解为与其维护国家核心利益的政策目标相一致，尤其是在中国国力提升、海外投资增多和越来越多的中国人走出国门的今天。

这种以现实主义来看待国家与其侨民关系的视角并不是作者独有的（如 Hollifield，1992；Barabantseva，2005；Liu，2005）。然而，书中暗含的另一条理论线索才彰显了其真正的学术价值，即崛起中的中国对华侨的界定逐渐泛化，对华人和华侨概念的区分逐渐模糊。作者认为，这种概念上的变化，为中国制定相应的侨务政策提供了理论依据，却会给海外华人的处境带来不必要的困扰。

作者认为，这种概念上的变化肇始于 2011 年的利比亚大撤侨。中国崛起的一大特征，乃是其利益的全球化。高歌猛进的中国经济对原材料和海外市场的巨大需求让中国的企业，尤其是国有企业敢于在西亚北非这般地缘政治不稳定地区投资和运营，并带去了大量的职工、侨民、学生和游客。在利比亚局势恶化、国企求援和国内家属施压之下，新华网首提海外务工人员也是海外华人，中国政府有义务也有能力将他们安全撤离（p. 86）。利比亚撤侨成了中国外交史上的标志性事件，其模式贯穿于此后在埃及、也门等国的撤侨行动，除了中国港澳台人士外，还搭救了来自新加坡等地的东南亚国家国民。

作者留意到，自此之后，中国主管侨务的官员和外交官员越来越多地以“海外侨胞”而不是“海外华人”来称呼世界各地的华裔群体。笔者认为，中国大陆的学者和官员使用“海外侨胞”更有可能是一种习惯用语。但言者无心、听者有意，尤其是在饱受东南亚身份政治和族裔政治对抗之苦的东南亚华人眼中，过分强调“侨”“胞”而忽视“裔”反而有损华人利益乃至中国在海外的国家利益。为了证明这点，作者举出了几个发生在马来西亚、印度尼西亚和新加坡，但中国媒体鲜有报道的例子（第7、12和14章）。

作者最后总结道，虽然中国政府利用“跨国主义”（transnationalism）、民族和文化认同感成功地动员了海外华人为中国的发展贡献智慧和财富，但这种方式应谨慎用于那些对华人依旧存在戒备心、对华人的忠诚存在疑虑的国家，尤其是在东南亚。他从东南亚华人的角度对中国的侨务公共外交和大侨务政策表示了忧虑，并给出了具体的建议：

首先，在推进“一带一路”建设的过程中，不应将族裔身份与国际关系和国际工程项目过多地联系起来。据作者观察，东南亚华人更倾向与非华人合作，以确保投资安全。强推华人间合作只会破坏华人与非华人的关系、引起冲突，最后损害国与国关系。

其次，东南亚的孔子学院项目在提升中国软实力方面效果并不显著，因为新加坡和马来西亚有自己的华语教学体系，而其他国家则在制度上限制华语教学。现阶段这些国家只是面对经济现实不得不做出妥协，但又害怕华语的复苏会影响本国国族融合。作者认为，不区分学华语和华人身份的关系，将华侨和华人混为一谈，不利于推广中国的软实力。

最后，东南亚华人的历史久远，社会结构复杂，内部有许多不同的群体，群体之间对中国的态度也不尽相同。比如峇峇娘惹（Peranakan）就是与中国最为疏离的一个海外华人群体；而新加坡则早已完成了本国的国族建设，华族只是新加坡的公民群体之一，不能因为文化和语言相似性而被认为是生活在海外的中国人。一般而言，老一代的华人移民和近年来的新移民会对中国有更多的亲近感，而老一代华人移民的子女却更多地融入当地社会，有些甚至不会说父辈的语言。这些都是中国在制定侨务政策时不得不考虑的因素。

纵观全书，作者是以东南亚华人的利益和视角对中国的侨务政策做出的分析，并提出了自己的忧虑。不过有幸的是，作为中国“一带一路”倡议重点的东南亚，自2016年以来与中国签订并实施了不少大型合作项目，中国游客前往东南亚旅游的人数也屡创新高，其间并未发生大规模的排华事件。而在中国国内，中共中央统战部自 2018 年起统一管理侨务工作并领导海外统战工作，投入了更多的资源团结和动员爱国华侨。这些新的变化都是作者在写作时无法预见的，也揭示了全书分析框架的局限性。同样，作者将研究视角置于海外华人个体，对当代海外华人公民社会作为国家和个人之外的第三领域所具有的中介、协调和缓冲作用却着墨不多，而已有研究恰恰发现海外华人公民社会可以履行部分公共职能、成为国家机器的延伸、保护华人社群（Li and Shi，2020）。当然，此书的这些缺憾并不能冲淡笔者在阅读此书时感受到的震撼，作者对东南亚华人身份的敏锐感知、对多语种材料的有力把握，值得以中国叙事为中心、以汉语或是英语为传播介质的中国学者反思和学习。

## 参考文献

[1] Elena Barabantseva, "Trans-nationalising Chineseness: Overseas Chinese Policies of the PRC's Central Government", *ASIEN*, No. 96, 2005, pp. 7 –28.

[2] James F. Hollifield, "Migration and International Relations: Cooperation and Control in the European Community", *The International Migration Review*, Vol. 26, No. 2, 1992, pp. 568 –595.

[3] Hangwei Li and Xuefei Shi, "Home Away From Home: The Social and Political Roles of Contemporary Chinese Associations in Zambia", *Journal of Current Chinese Affairs*, Vol. 48, No. 2, 2020, pp. 148 –170.

[4] Hong Liu, "New Migrants and the Revival of Overseas Chinese Nationalism", *Journal of Contemporary China*, Vol. 14, No. 43, 2005, pp. 291 –316.